中传学者文库编委会

主　任： 廖祥忠　张树庭
副主任： 蔺海波　李　众　刘守训　李新军　王　晖
　　　　　　杨　懿　柴剑平

成　员（按姓氏笔画排序）：
　　　　王廷信　王栋晗　王晓红　王　雷　文春英
　　　　龙小农　付　龙　叶　龙　刘东建　刘剑波
　　　　任孟山　李怀亮　李　舒　张绍华　张　晶
　　　　张根兴　张毓强　林卫国　郑　月　金　炜
　　　　金雪涛　周建新　庞　亮　赵新利　徐红梅
　　　　贾秀清　高晓虹　隋　岩　喻　梅　熊澄宇

中传学者文库

1954-2024

主编/柴剑平　执行主编/龙小农　副主编/张毓强　周建新

跬步漫行

丁俊杰自选集

丁俊杰　著

中国传媒大学出版社
·北京·

图书在版编目（CIP）数据

跬步漫行：丁俊杰自选集 / 丁俊杰著. -- 北京：中国传媒大学出版社，2024.8.

（中传学者文库 / 柴剑平主编）.

ISBN 978-7-5657-3738-1

Ⅰ.F713.80-53

中国国家版本馆 CIP 数据核字第 20244M4E67 号

跬步漫行：丁俊杰自选集
KUIBU MANXING: DING JUNJIE ZIXUANJI

著　　者	丁俊杰
责任编辑	程　平
封面设计	锋尚设计
责任印制	李志鹏

出版发行	中国传媒大学出版社			
社　　址	北京市朝阳区定福庄东街 1 号	邮　编	100024	
电　　话	86-10-65450528　65450532	传　真	65779405	
网　　址	http://cucp.cuc.edu.cn			
经　　销	全国新华书店			
印　　刷	北京中科印刷有限公司			
开　　本	710mm×1000mm　1/16			
印　　张	13.75			
字　　数	210 千字			
版　　次	2024 年 8 月第 1 版			
印　　次	2024 年 8 月第 1 次印刷			
书　　号	ISBN 978-7-5657-3738-1/F・3738	定　价	69.00 元	

本社法律顾问：北京嘉润律师事务所　郭建平

总　序

　　媒介是人类社会交流和传播的基本工具。从口语时代到印刷时代，再经电子时代至今天的数智时代，媒介形态加速演变、融合程度深入发展，媒介已然成为现代社会运行的基础设施和操作系统。今天，人类已经迈入媒介社会，万物皆媒、人人皆媒，无媒介不社会、无传播不治理。今天，无论我们怎么用力于信息传播的研究、怎么重视信息传播人才的培养都不为过。

　　中国传媒大学（其前身为北京广播学院）作为新中国第一所信息传播类院校，自1954年创建伊始，即与媒介形态演变合律同拍、与国家发展同频共振，努力探索中国特色信息传播人才培养模式、构建中国信息传播类学科自主知识体系，执信息传播人才培养之牛耳、发信息传播研究之先声，被誉为"中国广播电视及传媒人才摇篮""信息传播领域知名学府"。

　　追溯中传肇始发轫之起源、瞩望中传砥砺跨越之未来，可谓创业维艰而其命维新。昔日中传因广播而起，因电视而兴，因网络而盛，今天和未来必乘风破浪、蓄势而上，因人工智能而强。在这期间，每一种媒介兴起，中传均吸引一批志于学、问于道、勤于术的

学者汇聚于此，切磋学术、传道授业，立时代之潮头，回应社会需求，成为学界翘楚、行业中坚，遂有今日中传学术研究之森然气象，已历七秩而弦歌不断，将传百世亦风华正茂。

自新时代以来，中传坚守为党育人、为国育才初心，励精图治、勠力前行，秉承"系统治理、创新图强、交叉融合、特色发展"的办学理念，牢牢把握高等教育发展大势、传媒业态发展趋势，瞄准"智能传媒"和"国际一流"两大主攻方向，以世界为坐标、以未来为向度，完成了全面布局和系统升级，正在蹄疾步稳、高质量推动学校从传统高等教育向未来高等教育跨越、从传统传媒教育向智能传媒教育跨越、从国内一流向世界一流跨越，全力建设中国特色、世界一流传媒大学。

中国特色、世界一流，在于有大先生扎根中国大地，汇聚古今、融通中外；在于有大先生执教黉门，学高为师、身正为范；在于有大先生躬耕杏坛，敦品积学、启智润心。习近平总书记更强调，高校教师要立志成为大先生，在教书育人和科研创新上不断创造新业绩。中传广大教师素来以做大先生为毕生职志，努力成为新时代"经师"与"人师"的统一者，做真学问、立高品行，践履"立德树人"使命。

2024岁在甲辰，欣逢中传建校70华诞，学校特邀约部分学者钩玄勒要、增删批阅，遴选已公开刊发的论文汇编成集，出版"中传学者文库"，意在呈现学校在学科建设、科学研究、服务行业实践等方面的最新成果，赓续中传文脉，谱写时代新声。

文库汇聚老中青三代学者，资深学者渊渟岳峙、阐幽抉微；中年学者沉潜蓄势、厚积薄发；青年学者踌躇满志、未来可期。文库与五十周年校庆所出版的"北广学者文库"相承接，大致可勾勒中传知识生产薪火相传、三代辉映之概貌，反映中传在构建中国特色新闻传播类、传媒艺术类、传媒技术类学科体系、学术体系和话语体系方面的耕耘与收获，窥见中国特色信息传播类学科知识体系构建的发展脉络与轨迹。

这一构建过程，虽筚路蓝缕，却步履铿锵；虽垦荒拓野，亦四方辐辏。一批肇始于中传，交叉融合、具有中国特色的学科，如播音主持艺术学、广播电视艺术学、传媒艺术学、数字媒体艺术学、政治传播学等，从涓涓细流汇入滔滔江河，从中传走向全国，展现了中传学者构建中国自主知识体系的学术想象力和创新力。文库展示的虽然是历史，实则是呈现今天；看似是总结过去，实则是召唤未来。与其说这套文库的出版，是对既有学术成果的展示，毋宁说是对未来学术创新的邀约。

回首过往，七秩芳华。我们深知，唯有将马克思主义基本原理与中华优秀传统文化相结合，才能推动中华学术创造性转化和创新性发展，推动中国自主知识体系的构建。我们深知，唯有准确把握媒介形态演变的脉动、深刻认知媒介形态变革所产生的影响，才能推动中国信息传播类学科自主知识体系的构建与时俱进。

展望未来，星辰大海。我们深知，以人工智能为代表的产业和科技革命正迅疾而来，媒介生态正在加速重构，教育形态正在全面重塑，大学之使命与价值正在被重新定义；我们深知，唯有"胸怀国之大者"、面向世界科技前沿、面向经济主战场、面向国家重大需求，才能确保中传始终屹立于中国乃至世界传媒教育发展之潮头。

如何应对人工智能带来的深刻变革，对中传而言是一场要么"冲顶"、要么"灭顶"的"兴亡之战"。我们坚信，不管前方是雄关漫道，还是荆棘满途，唯有勇敢直面"教育强国，中传何为？"这一核

心命题，奋力书写"智能传媒教育，中传师生有为！"的精彩答卷，才能化危为机，奋力开创人工智能时代中传智能传媒教育新纪元。

功不唐捐，芳华七秩；风帆正举，赓续创新。

是为序。

第十四届全国政协委员，中国传媒大学党委书记、教授、博士生导师

序：思考、超越、成长

小丁把他自选集的文章传给我，说：曹老师，请您给我的自选集写个序吧！我没有迟疑，说：好的！小丁就是自选集的作者丁俊杰。丁俊杰是北京广播学院广院新闻系83级学生，在校时认真读书，学习成绩好，文字功力扎实，口头表达流畅，且班上人缘亦好，是具培养潜质的好苗子。经班子讨论，我和小丁谈心，他同意毕业后留校任教。如今三十七年过去了，他已成为新闻教育、广告教育的领军式专家学者，且在业界、学界和历届学生中获得了良好口碑。小丁留校任教三十七年，最初他接过我的新闻业务课，他也接过了我在新闻系、新闻学院的行政岗位的班。先后担任了新闻学院院长、总支书记等。经历多年分分合合、上上下下，小丁也到了知天命的年纪。面对他自选集的手稿，我感受到了小丁在专业上、学术上、认知格局上乃至生命状态方面的成长和自我超越，从中看到他多年认真治学的深入思考、开拓包容的视野、严谨有序的逻辑能力、务实扎实的学风，以及这些背后小丁特有的深度思考和人格魅力。面对这些文字，不仅是重读和再读，而是我们师生之间思想与心灵的交流与沟通。在分享中体会到特有的欣慰和感悟。

小丁的自选集选择了十五篇新闻传播学研究特别是广告学研究方面的学术论文，还包括他对新闻教育、广告教育的规律性梳理和切身感悟，也选入了十篇学术小品文。这些看似信手拈来的随想，

实则是他对当代社会现象、学术界热点的有感而发，有对新生事物的敏锐观察，也有对热点问题的简约剖析。透过这些有温度的文字，我看到了作者鲜明的问题意识，以及背后的人文内涵和建设性意识。

小丁的论文少见泛泛的论述，也少见高深莫测的文字。他的选题明显接地气，关注行业热点焦点。将其置于国情特色、行业发展的背景下进行实践和理论的梳理，体现了小丁特有的问题意识和建设性思考。

如《广告业的动力与动向》一文，在中国广告业连续九年稳定增长的"好年成"形势下，他及时提出了中国广告必须直面的五大困境，特别提出了如何在新媒体媒介环境变革中适应信息源、信息平台的分化重组和广告平台重构等问题。

在《中国广告业的空间与理性》一文中，他提出面对全球化金融危机的背景，中国广告业急需进行五大方面的应对和调整。《现代受众调查在我国的兴起》《战略层面的广告考量与发展视域的广告监管》《中国广告三十年变迁与国际化》等文章皆体现了作者鲜明的问题意识，体现了他作为广告学者深层的理论思考和强烈的责任担当意识。自选集中，《论广告批评的基本内涵和体系构建》一文明确提出了"广告批评"这一概念。因为任何一门学科的发展，如果没有形成批评体系，一味运作发展，或进入快速发展，这个学科一定是不完整乃至不健全的。如果全行业对不断变化的实践缺乏清醒的自省、纠错的认知和勇气，就会不同程度地对行业整体的长远健康发展产生至关重要的影响。从中可以看到，小丁做学问一是密切关注广告实践的新事物、新观念、新经验，进行实践至理论的规律性深入思考；二是鲜明地提出"广告批评"这一影响行业发展的深层问题。现在看来，后者问题的提出，包括科学内涵、机制保证，以及广告批评如何健康开展等，这些话题对于当下中国广告业的发展至关重要，这些问题的解决也迫在眉睫。从长远发展来看，这些问题的提出对中国广告业和广告学科的成熟发展有着更为深远的影响。

关于教育，小丁收入本书的文章主要涉及新闻教育和广告教育。小丁大学一毕业就留校做了教师。作为教师，他是思考型的，认真读书，扎实务实，

从他任教的那一天起，他就在琢磨教育规律，努力从学生视角思考教育方式，改进教学内容。我记得他上的第一门课是给我做助教。我因双肩挑，分身无术，于是将成人函授班的"通讯写作"课交给了小丁。这个班的学生多是传媒一线的在职人员，很多人年长于他，当时我把讲义给他，嘱他尽量拓展视野，阅读新成果，融入自己的思考感悟。因为课堂不是传授知识，更重要的是激励思考。当时还担心他初生牛犊面对成人学生能不能讲好。

没想到讲完之后大家反响还不错，当时我就很奇怪，一个初登讲坛的人，凭我给的讲义就能讲得让大家满意。原因何在？从那个时候起，我就发现他的脑袋里一直在琢磨什么是教学规律、什么是课堂、什么是教育、什么是育人。在他的心里，好的一门课就是一所好大学，所以他关于教育的思考，关于新闻传播的思考，关于新闻传播教育的思考这些内容，其实完全源自他的职业性。

关于创新性思考，比如关于品牌的思考，小丁亦进行了深入的思考与探索。"品牌"在二十年前还是一个新概念，经历了"人人都有麦克风的时代"，当下"品牌"这一概念已经被滥用，好像满大街都是讲品牌的人，关于品牌的各种会议更是层出不穷。小丁在思考城市品牌这个话题的时候。他想到的是：在当下中国国情特色的语境之下，城市品牌是不是一个伪命题？当下这类提法虽然少见，但对小丁来说纯属学术性探索，这种求问意识需要勇气，亦需要时间和实践的检验。其中体现了一种求真求实的科学精神，对比当下学术研究中出现的种种不正之风，确有清风拂面之感。

因为我与小丁多年亦师亦友亦家人的关系，对他的自选集的评

价难免偏爱更多些。因为好的文字是思考的结晶,文字可见、可读,还可反复阅读,更可以传世。好文字传递和分享的不仅是字面的内容,还包含作者更丰富、更深刻的思考和感悟,可谓举一反三。自选集中也一定存在若干局限和不足。相信知天命之年的小丁会不断深化思考感悟,在包容和自省中不断自我超越,写出更多更有分量的好文好书!小丁的自选集命名为《跬步漫行》,体现了小丁开放包容的文风和胸怀。正是文如其人。祝福小丁和各位读者!

曹 璐

2024年6月22日

目 录

现代受众调查在我国的兴起 ·· 001

视网融合背景下的电视节目影响力评估体系创新初探 ················ 014

基于学术分途的新闻教育哲学探索 ······································ 023

"功用性"建构中的生存与发展
　　——中国广告教育实践四十年解析 ································ 034

产教融合：广告教育的综合实践教学模式探析 ························ 048

中国广告学学科范式发展研究 ··· 055

为广告重新正名
　　——从主流媒体的广告观开始 ······································ 068

中国广告业的动力与动向 ·· 078

中国广告业的空间与理性 ·· 086

中国广告观念三十年变迁与国际化 ······································ 093

战略层面的广告考量与发展视阈的广告监管 ·························· 104

论广告批评的基本内涵和体系构建 ······································ 113

社交媒体如何构建"网红城市"的空间意象 ·························· 123

东亚文化之都：对"域牌"的一种思考 ································ 132

广告业的"货币"变迁史 ·· 147

甲乙恩仇录 ·· 152

中国广告业的"三国演义" ··· 159

闲论品牌 ··· 166
中国广告业当下的主要矛盾是什么？·································· 171
此"广告"非彼"广告"？··· 176
广告的内容化 ··· 181
另眼看"精准" ··· 186
从"而立"到"不惑"：中国广告教育发展的历史考察 ············ 192
"广告"概念观 ·· 201

后　记 ·· 205

现代受众调查在我国的兴起[*]

一、历史的回顾

我党早期报刊，无论在实践上，还是在理论上，都重视同读者的联系。当时的《中国青年》除发表读者来信、来稿以外，还经常征求读者的意见，改进编辑工作。他们还让读者评选"我最喜爱的作者"，结果，恽代英、肖楚女二位编辑榜上有名，深受青年读者的喜爱。从笔者所掌握的资料来看，这是我国最早的读者评报活动。我党创办的第一家日报《热血日报》在一则启事中说，《热血日报》出版以后，颇受读者欢迎，"出版十期，销数即达三万，投稿来信与亲接洽者，日以百计"[①]。当时，就有读者来信谈到版面设计问题等，报纸因此改进了编辑工作。

随着我国无产阶级新闻事业的发展，读者调查在实践上得到了发展。战争年代的《新华日报》，每逢周年纪念，都要广泛征求读者意见。当时，报纸在宣传内容和宣传形式上的许多改进措施，都是根据读者反馈提出来的。例如，《新华日报》首创、至今仍为新华社坚持采用的以综合报道形式处理国际电讯的方法，就是根据读者反馈而形成的。周恩来同志也十分重视读者反馈。20 世纪 20 年代初期，周恩来在旅欧期间曾经领导创办过《赤光》半月刊。在他的指导

---

* 本文原刊登于《现代传播》1988 年第 1 期，收入本书时略有删改。
① 张静庐.中国现代出版史料　丁编　上卷［M］.北京：中华书局，1959：241.

下,《赤光》经常刊载启事,征求读者对所刊内容的意见。周恩来的这种办报思想,在他以后的报刊实践中得到了进一步的体现。1942年周恩来到达重庆后,多次要求《新华日报》的同志深入群众、体察民意。有一次他说:"我建议你们除了必要地采访上层以外,还要眼睛向下,访问群众。比如说,重庆街头不是常见到从战区流浪来的儿童在替人擦皮鞋吗?还有嘉陵江渡口的船夫和市内公共汽车的售票员不是经常同我们接触吗?可以同他们细致谈谈,了解他们的生活、愿望和兴趣,(报纸)也许会受到读者的欢迎。你们不妨试一试。"①

在理论上,受众反馈这个思想也是日趋系统的。1940年《中国工人》创刊时,毛泽东为它写了发刊词,他指出:"一个报纸既已办起来,就要当作一件事办,一定要把它办好。这不但是办报人的责任,也是看的人的责任。看的人提出意见,写短文、短信寄去,表示欢喜什么,不欢喜什么,这是很重要的,这样才能使这报办得好。"②这里,毛泽东论述了党的报纸要走群众路线,要靠群众办报的基本原则。刘少奇同志也论述过:"报纸工作如果做不好,就是最厉害的脱离群众,就会发生很危险的情况。"③1942年《解放日报》改版时,在其《致读者》中阐述了这样一个思想:没有广大读者的支持和鞭策,报纸要办得更好是不能设想的。这种思想,在今天仍然有极强的指导意义。要想得到读者(受众)的支持和鞭策,不加强读者反馈工作是不行的。加强同群众的联系,才能取得群众的信任。而"人民的信任是报刊赖以生存的条件,没有这种条件,报刊就会完全萎靡不振。"④

新中国成立初期,我们报纸仍然重视读者的反馈。1950年4月14日,《中央人民政府新闻总署关于建立广播收音网的决定》指出:"所有收音员均应向地方或中央广播电台登记,并按月报告工作情况和听众意见。各地方和中央广播电台应负责指导收音员工作,按照听众的意见和需要改进广播内容。"⑤

---

① 中国社会科学院新闻研究所. 中国新闻年鉴 [M]. 北京:中国社会科学出版社,1986:47.
② 中共中央文献研究室,新华通讯社. 毛泽东新闻工作文选 [M]. 北京:新华出版社,1983:48.
③ 中共中央文献编辑委员会. 刘少奇选集 上卷 [M]. 北京:人民出版社,1981:397-398.
④ 马克思恩格斯全集 [M]. 北京:人民出版社,1956:294.
⑤ 中国社会科学院新闻研究所. 中国新闻年鉴 [M]. 北京:中国社会科学出版社,1982:94.

这时，受众的范围扩大了。1950年，全国报纸总印数达到8亿份[①]。全国有广播电台20多座（《中国新闻年鉴》1982年版统计数字）。从新中国成立开始，我国新闻事业以较强的势头发展，1956年7月1日，《人民日报》改版达到高潮，在其当天的《致读者》中写道："我们的报纸叫《人民日报》，意思就是说它是人民的公共武器、公共财产。人民群众是它的主人。只有靠着人民群众，我们才能把报纸办好。我们期待着全国广大读者给我们更多的帮助、更多的批评和指示！"至此，我国在受众调查方面已经基本上形成了自己的理论。各新闻单位都建立了自己的群众工作组织——群工部、听联部，形成了一套行之有效的收集受众反馈信息的方法（如统计分析读者来信，由读者评报、评办报人员，召集座谈会收集意见，根据发行、征订情况描述读者的态度，等等），建立起了收集信息的特定渠道，形成了处理这些信息的特定形式。我把这种收集受众反馈信息的方法统称为我国传统的受众调查方法。长期以来，我国传统的受众调查方法为保证党的报刊、广播电视完成宣传任务发挥了重要作用。毋庸置疑，传统的受众调查方法也存在着明显的缺陷，其最主要的缺陷就是忽视定量分析，仅仅依赖于定性分析，时间久了难免被"先入为主"等主观因素所左右，难免产生主观和臆断的结果。分析其缺陷，主要表现为以下五点：

第一，主观随意性，缺乏客观性。传统的受众调查方法，大多是通过被传播对象的个体行为过程获取反馈信息的。因而，它往往因人的眼界、思想、道德修养等的局限而形成各种各样的信息筛选原则。这些原则，必然形成一种主观过滤层，程度不同地影响反馈信息的客观性。此外，就传播过程产生的各种现象来说，如果我们只靠观察和思维，至多只能做出大概估计，难以给人明晰、确切的回答。

第二，以点代面，以偏概全。由于传统的受众调查方法本身的局限，致使调查在时空上都受到限制，往往把局部调查所得到的结论简单地套用于全局，这是不够严谨的。

[①] 中国社会科学院新闻研究所. 中国新闻年鉴[M]. 北京：中国社会科学出版社，1983：16.

第三，反馈信息的单一性，缺乏整体感。报社、电台、电视台各自收集反馈信息，三者没有对信息进行比较、综合，发现其内在规律。

第四，收集信息的散碎性，缺乏系统性。传统的受众调查方法对于实际工作、读者状况和传播效果的考察，特别是对后两者的考察，往往站在比较狭隘的角度，很难反映客观实际的宏观面貌。

第五，间断性，缺乏连续性。用传统方法收集的信息不仅在空间上存在着空白点（前文所说的单一性），而且在时间上也存在着断裂带。对某条战线的了解、对某一读者群的了解、对某一阶段传播效果的了解，往往时有时无。这种处于不连续状态的信息流，难以反映客观事物的演进过程。

以上这些缺陷，是传统的受众调查方法在逐步完善的过程中显露出来的。尤其到了20世纪80年代，我国新闻事业面对高度信息化、节奏化、复杂化的社会，要有效地实现对受众的全面准确了解，传统的受众调查方式、方法开始显现出捉襟见肘之态。于是，在我国当代新闻事业中，便出现了科学化、现代化的受众调查方法。

二、现代受众调查在我国兴起的因素和条件

十一届三中全会之后，新闻界在"为读者服务"的问题上，清除了"左"的影响，恢复了传统的受众调查方法。更为喜人的是，现代受众调查方法在我国初步形成。其标志就是，1982年由北京新闻学会组织的、运用科学的方法，采用现代化的统计手段，对北京地区的受众进行的综合考察和研究。这在我国新闻史上，还是第一次。

现代受众调查在我国的兴起主要得益于以下几个条件：

第一，我国受众调查具有优良的传统和较长的历史。

第二，十一届三中全会以来，我国新闻事业的大发展呼唤着现代受众调查的诞生。1981年，我国新闻从业人员达到20万人，报纸的总印数达159.2亿份，有各种报纸160多种；[1] 全国已经拥有自办节目能力的电视中心

---

[1] 中国社会科学院新闻研究所.中国新闻年鉴[M].北京：中国社会科学出版社，1983：16.

台39座①、广播电台114座，②受众面遍布各个阶层，基本上达到了有人的地方就有受众存在。加之实事求是的思想路线和政通人和的大好形势，这些都为受众调查提供了正确的指导思想和良好的社会环境。

随着形势的发展，面对复杂的受众，新闻媒体迫切需要了解受众情况。前文已经论述过，传统的受众调查方法已经显得力不从心了。新闻媒体对受众和传播的社会效果，基本上处于经验估计这种状态中。在一些调查报告和学术文章中，我们经常可以看到，某个报道"在社会上引起强烈震动""极大地推动了精神文明建设""深深地打动了读者""取得了显著的社会效果"等空泛的断论。这些断论的根据便是前文提到的受众来信、领导同志的表态、座谈会等。这样得来的材料，缺乏定量分析，在研究中很难让人提出真知灼见，很难让人修正一些过时的观点。这样，新闻工作就不能从经验决策转向科学决策。

这一时期，我国新闻教育事业和新闻研究事业也有了很大的发展。中宣部和教育部在北京联合召开了新中国成立以来的第一次全国新闻教育工作座谈会。1978年，全国招收录取了新闻研究生97名。而我国第一次现代受众调查就是在一批研究生的倡导推动下兴起的。1980年2月6日，北京新闻学会正式成立。学会曾专门举办学术讨论会，对受众调查方面存在的问题进行探讨，而且下设了读者研究学术小组。

第三，传播学传入我国，新技术、新学科的兴起，为现代受众调查在我国的兴起做了方法上和技术上的准备。

1981年11月，中国和澳大利亚新闻界同行在北京共同举办了新闻学术讨论会。中国和西方的同行一起探讨新闻学问题，这在我国是第一次。次年，在人民大学、复旦大学、北京广播学院（现中国传媒大学）、新华社的支持下，社科院新闻研究所组织了一次西方传播学的学术讨论会，对传播学与新闻学的关系，传播学研究对象、内容、基本理论和基本方法等问题进行了初

---

① 中国社会科学院新闻研究所. 中国新闻年鉴［M］. 北京：中国社会科学出版社，1982：22.
② 中国社会科学院新闻研究所. 中国新闻年鉴［M］. 北京：中国社会科学出版社，1982：19.

步的分析和探讨。随着国外学者和我国学者开始互访,传入我国的大众传播学方面的书籍越来越多,"传播学"一词在我国已经不再令人感到陌生。

电子计算机的应用打开了现代调查研究的突破口。电子计算机是新技术革命的标志,它所带来的,是数学与社会的结合,从而使数学方法广泛地应用于社会科学研究之中,同时也很自然地扩展到了受众调查中。现代受众调查没有计算机的辅助是不可想象的。对于受众调查中所获得的数据,电子计算机能进行准确及时的趋势分析和有效的定量计算,这无疑为现代受众调查在时间和空间上的突破提供了条件。

由于控制论、信息论、数理统计、计算机等科学理论和方法在传播研究中的广泛运用,以定量分析和定性分析为基础的受众调查(效果分析、民意测验、反馈研究等)在国外早已得到迅速发展,逐步形成了自己的一套方法。随着对外学术交流的展开,这些方法逐步传入我国。

第四,受众观念的更新从思想上支配着现代受众调查的开展。

观念直接支配人们的行动。在实践岗位上的新闻工作者,从总编辑到编辑、记者,每个人都有自己的观念。新闻研究机构的研究人员和新闻教学单位的教学人员也是如此。认真地回想一下,近几年来我们新闻改革所取得的成绩正是与信息观念、干预生活的观念、时间观念、竞争观念、宣传效益观念等紧密联系在一起的。同样,现代受众调查的兴起,与受众观念的更新也有直接的联系。

现代受众调查兴起之前,我们惯于把受众看成个体的简单相加,仅从分析个体着手"解剖麻雀",再从个体推测全体。

在传播媒介普及程度高的现代,受众可以同时通过报纸、广播、电视等多种渠道获取信息。也就是说,报纸、广播、电视发布的新闻往往可以到达同一名受传者。这种新闻接收主体的同一性,决定了我们必须将受众看成结构比较复杂的整体。同时,由于每一个人的政治态度、民族传统、年龄、性别、文化、职业等不同,他对新闻传播的兴趣和需要也不同。这就决定了我们对受众必须在层次上有一个把握。

现代受众观念与传统受众观念已经成为两个不同的概念。受众观念的更新,其根本原因在于社会存在决定社会意识、新的历史时期迫使人们不得不改变旧观念。

以上四点,是现代受众调查在我国兴起的因素和条件,四者之间互相联系、彼此呼应。

三、我国现代受众调查的特点

1982年首都新闻学会等单位对北京地区的受众进行调查之后,又在浙江、江苏两省搞了两次大规模的现代受众调查。很多地方,如上海、天津、大连、沈阳、湖北的新闻单位也都相继进行了现代受众调查。

现代受众调查方法,是一种定量统计方法,它以数学、统计学和概率学、社会学等一般概念、定义、原则为工具,以受众的(总和中)整体中分离出有一定代表性的若干特征量,通过研究分析这些特征量的变化情况揭示其规律。这里要引起注意的是,研究一定范围的受众,务必仔细审查我们是否从这一范围的受众中分离出了有代表性的特征量,不能以总和的平均数代替特征量,更不能用平均数来判断某些问题的性质。现代受众调查要求设置统一的调查问卷,并按照统一的标准对被调查者进行询问。一般说来,调查对象要有足够大的量,发一次问卷起码要100份。定量统计分析方法主要通过对事物的过程和现象的定量进行研究分析,确定事物存在的度。但社会事物的度与人们的社会实践活动息息相关,很不稳定,难以客观测定。因而,对受众进行测定,就要考虑到主客观各方面的因素。

纵观20世纪80年代上半期我国的现代受众调查研究,概括起来主要有以下几个特点。

第一,信息反馈的及时性。传统的受众调查靠受众来信等反馈信息,一般按月统计,最后以一年的受众来信作为分析问题的材料基数。有的新闻单位甚至几年分析统计一次。因此,信息反馈的周期比较长。而现代受众调查研究,在电子计算机的辅助下,从准备调查,到设计问卷,最后到调查报告及资料分析结果的成文,可以在二三个月甚至更短的时间内完成,信息反馈

时间大大缩短。美国盖普洛公司进行全国范围的调查时，通常把全国分成360个地区，从每个地区里抽样选出5个人进行访问。这样的调查一般可在二三个星期内完成，7天之内就可以将调查结果通知有关方面。当然，在美国进行这种调查有一个有利的条件，就是电话采访。美国80%以上的人家里都有电话。有些调查就是从电话本里抽样的。目前，我国的现代受众调查还达不到这么快的速度。1984年在江苏省进行的一次受众调查，从1983年11月20日开始，到1984年6月底全部数据处理工作结束，历时7个多月。随着科学技术的发展，现代受众调查的方法会更加完善，其反馈信息的及时性特点也会越来越明显。

第二，精确性。所谓精确，首先指调查内容在质和量上的精确，否则，调查过程中就会出现梗阻。去年（1986）笔者参加了北京电视台的观众调查，由于设计问卷的疏忽，出现了"8岁以下"这样一个年龄段。抽样时，有时就抽到了1岁的幼儿。准确性的特点还表现在调查时间的严格性上。去年进行的全国报纸普查就严格地规定了3月1日是调查日。而传统的受众调查没有这个要求，时间差异性很大。时间要素在现代受众调查中表现得极为突出和明显，可谓失之毫厘谬以千里。同时，各种态势和机遇都处于稍纵即逝的变动之中，调查时如果不抓住它，不与之同步，调查的科学性就会大大地打折扣。

以传统方法调查研究所形成的受众调查报告中，常常靠"可能""也许"之类的概念去推理，凭"少量""大量"之类的粗略估计去判断。而现代受众调查研究报告要依靠定量分析去精确地表达研究成果，调查报告中一般禁止出现"我们认为"等主观臆断性词汇，禁止出现"很多""不少""估计""大概"等模糊概念。

第三，综合性。用传统的方法进行调查，听众来信、读者来信、观众来信之间互不关联。而现代受众调查则一改这种状态，同时对受众进行听、观、阅的考察。当然，也有侧重点不同的单项考察。

面对错综复杂、多变的事物，我们不能孤立地考察一种传播现象。现代受众调查要求的不仅是对单个的孤立的被传播者（或传播现象）的掌握，还要求对个体与总体以及与其相关的各种关系的综合掌握。于是，综合调查与专题调查、专题分析的概念便进入了现代受众调查之中。1983年首都新闻学会等单位对浙江地区进行受众调查，之后就形成了一个综合调查报告和五个专题调查报告（见1984年《中国新闻年鉴》）。1986年北京电视台进行观众调查后，形成了一个综合调查报告和两个专题分析报告。

综合性这个特点，对现代受众调查研究者也提出了新的要求。传统的受众调查研究虽然也要求调查研究者具有一定的知识，但这种要求是有限的。而现代受众调查研究要求研究者的知识综合程度比较高，他要具备系统地把握受众和综合分析、处理多种信息的能力，要具备新闻学、社会学、心理学、数学、统计学、系统科学、行为科学甚至计算机知识等多方面的知识。

第四，主动性。用传统受众调查方法获得信息，这虽然也是广大宣传工作者的主观愿望，但是，这种反馈信息方法的本身却带有极大的被动性。一篇优秀通讯的传播可能会带来大量受众来信；一篇拙劣通讯的传播也会导致大量受众来信；而一篇中等水平的通讯播出后，一般没有太大反响，甚至没有反响。也就是说，哪些内容需要调查，哪些内容不需要调查，这不是传播者（调查者）能主动把握的，而是由受众控制的。现代受众调查中，调查者与被调查者都有主动权，而需要了解哪个层次的受众，需要调查哪些内容，调查者却处于支配地位。

第五，专门化和独立化。随着近年来我国大规模现代化受众调查的发展，专门的、独立的社会调查系统与部门应运而生。社会科学院新闻研究所设有受众调查研究室。1986年，中国人民大学成立了我国第一家舆论研究所，由新闻学教授甘惜分任所长。这是一家为报纸、广播、电视等提供服务的研究所，它以社会调查研究为主要职能，把调查研究的成果以咨询服务的形式及时传递给有关部门和单位。这家舆论研究所不同于各报社的群工部、电台的听联部、电视台的观联部，它的优势在于能避免各单位自己调查研究的局限性；在于能使信息切实地成为一种服务性产业，为社会各部门、各阶层服务；在于能为沟通信息并且形成信息的良性循环服务；在于对现代社会信息市场有最有效的适应性。当然，这类专门机构并不能取代群工部、听联部和观联

部等机构。

第六，动态性。常年追踪调查受众对某些重大事件传播之后的反馈，或者对某部分受众进行追踪调查，掌握信息，及时反馈，这是现代受众调查的明显特征。通过连续不断的调查，调查者可以对受众的历史、现状及未来有明确的认识。这实质上是把过去、现在、将来不同的片段统一起来进行研究。在思维进程上由局部上升到了整体。1983年社科院新闻所组织的受众调查小组曾在杭州地区进行了"电视与青少年"专题调查，分别采用了学生、教师、家长三种问卷。今年（1987）6月，"电视与中学生"专题调查小组又在杭州地区进行了"电视与中学生"调查，后者即前者的追踪调查。现代受众调查研究的动态性，恰好能揭示动态世界的变化规律。传统的受众调查仅限于静态分析；而现代受众调查却把动态分析与静态分析紧密地结合在一起。受众不是一个凝固不变的群体，因而受众调查也不能一成不变。科学的调查研究应该是连续性与阶段性的统一。一方面，调查者要根据受众发展变化的阶段性去认识事物的发展过程，调查研究也就随之呈现出一定的阶段性；另一方面，事物发展的不同阶段之间有着不可分割的联系，是一个有机的统一体，因而受众调查的任务不仅仅在于反映它的某一阶段，而在于反映它的全部过程。

四、几个值得注意的问题

现代受众调查的总趋势是可喜的。但是，我认为下面几点值得大家的注意。

第一，现代受众调查的兴起，并不意味着传统的受众调查被完全取代。

现代受众调查在我国兴起之后，传统的受众调查方法并未被淘汰，相反，它还吸收了现代受众调查的某些技术，以弥补自己的不足。例如上海《解放日报》群众工作部就改进了信访分类统计，进行定量分析。为了实现信访处理的程序化、系统化和科学化，从1985年5月起，他们对来信进行分类统计，积累数据并做对比分析。在积累数据的基础上，他们采用电子计算机对来信进行相关性分析。现代受众调查方法同样也吸收、应用了一些传统的受众调查方法。去年（1986）北京广播学院（现中国传媒大学）新闻系为北京电视台实施了一次大型调查。在抽样调查的同时，调查小组还在北京二中召开了教师座谈会、中学生座谈会，在怀柔农机厂召开了农民座谈会，同时还拆阅了北京电视台的大量观众来信。在这里，显示出了座谈会等传统调查方法的特殊长处。这不但因为许多复杂的问题难以在问卷中反映出来，需要座谈会来加以补充，更重要的还在于通过座谈，调查者可以有针对性地设计问卷等。

现代受众调查方法并不是万能的。我们还可以做这样的理解，即主观现象（受众的意识现象）质的可变性对计量有巨大的影响。计量只有在同质的条件下才能进行，例如，我们不可能用"6"表示受众愤怒的值，因为观看电视时当场发怒的"6"和积压已久由于电视上某些内容引发而泄愤的"6"在质上是不相同的，因此二者在量上和实际情况上也是不可比的。在这一点上，社会科学不能完全仿效自然科学。这与下面这种情况有着本质的区别，现代受众调查可以计算看电视时发怒的人的数量，也能计算一个人（或一组人）在看电视时发怒的次数，但是，无论如何，现代受众调查不可能通过这些数字确定这些人发怒的原因。

传统的受众调查方法并不排斥现代受众调查方法；反之亦然。二者应当互补互用、齐头并进。

第二，目前的现代受众调查研究缺乏宏观上的分析。

由于现代受众调查在我国兴起的时间并不长，在调查过程中，还存在着具体方法和具体技术方面的毛病。如问卷设计上的毛病，样本选择上的不精确，资料分析上的片面性，等等。一个比较突出的毛病是对于调查材料缺乏宏观上的分析，从而无法从整体观念出发来确定广播、电视、报纸各自的宣传内容。我们是社会主义国家，广播、电视、报纸均属于国家公有，三者的宣传内容，可以依据传播媒介的特性以及调查的结果而有所侧重。报纸的读者在哪一部分受众中占多数，广播、电视又各面向哪一部分人，等等，这些情况在近年来的受众调查中都有数据显示。现在的问题是，我们没有综合统筹考察这些问题，只是由报纸系统、广播系统、电视系统各自调节。同时，我们还缺少全国范围内的受众调查。局部的受众调查搞得比较活跃。从目前的资料来看，全国最大范围内的现代受众调查，就是中央电视台于 1986 年 4 月至 7 月进行的全国 28 城市受众抽样调查。

第三，我们应该以扬弃的态度对待国外的受众调查研究。

在国外，尤其在发达的资本主义国家，由于科学技术先进，物质基础雄厚，有专门的受众调查研究设备和机构，所以，他们有长处，值得我们借鉴、学习。但是，我们不应当完全照搬。这是因为，首先，国情不同，在受众调查这个问题上，我们已经形成了一套完整的理论和一些行之有效的方法。西方国家的受众调查研究注重学术与理论的运用，我们的现代受众调查与新闻改革相伴而生，就目前来看，更注重将其应用于实际工作中。其次，中外各自的立场、观点和研究目的有所不同，西方学者往往只是孤立地从量上研究社会事物，片面强调数据的意义，常常看不到事物数量上的变化可能带来的性质上的变化。

第四，受众调查人员要有正确的指导思想和认真负责的精神。

在西方资本主义社会，有些调查人员为了讨好资助调查的人或集体，常常在问卷设计等技术上玩花招。这样，调查分析的结果常常与委托人所需要的结果相吻合。美国的电视情报部曾委托罗珀公司调查关于儿童节目中广告的问题，其中有这样一个问题："你觉得任何儿童节目中都不应该有广告节目呢？还是只要广告不是欺骗地利用儿童就算有也无妨呢？"结果是：

```
不要广告节目……………………18%
有也无妨…………………………74%
不知道……………………………8%
```

数据来源：《国际新闻界》1983 年第二期

这种结果，与人们的实际态度极不相符。原因何在？就在于设计问卷时，问卷设计者把未成事实当作既成事实设计出来了。作为无产阶级的受众调查人员，我们一定要避免这种现象，从调查工作的准备工作，到问卷设计，到最终形成调查报告，都要绝对服从真实性、客观性的原则。真实性是定量分析的起码要求，也是定量分析的生命。斯大林曾指出："使数字适合于某种偏见的企图是一种带有刑事性质的犯罪行为。"① 不唯上，不唯书，只唯实，这是我国无产阶级受众调查必须遵循的基本准则。

第五，在新闻学研究中出现了种种新的分支，诸如新闻理论、新闻教育、新闻史学、新闻评论学等，许多专著相继问世。然而，与新闻改革相伴而生的现代受众调查，还十分缺少理论探讨和经验交流，新闻业务的刊物上也很少发表这方面的文章。"现代受众调查学"还是一块"空白"。

目前，急需解决的问题就是在方法论上对现代受众调查进行总结和界定。我们进行的受众调查，一般都照抄现代社会调查方法。在一般的社会统计中，代表各种社会现象的不同变量，依其不同特点分为"定类""定月""定距""定比"四个量度层次。量度层次的不同，加上定量分析目的的不同，也就有了不同的数学模式可供应用，而使用上的不谨慎，则可能造成一系列的错误。作为研究传播现象的现代受众调查，应该采用哪套模式，在具体技术上都应该有一套独立严格的选择标准。几年来，我们进行过多次现代受众调查，积累了一些经验和方法，这些经验和方法，迫切需要加以总结提高，上升为理论。北京广播学院（现中国传媒大学）新闻系等新闻院系应该开设现代受众调查学这门课，应该设立受众调查研究之类的机构。

总之，从目前的趋势来看，随着现代受众调查在我国的发展和普及，我们的受众调查研究工作将进入科学化、制度化、普及化的新阶段。

---

① 斯大林全集　第七卷［M］.北京：人民出版社，1958：272.

视网融合背景下的电视节目影响力评估体系创新初探*

一、视网融合对电视业的影响

视网融合是三网融合中的重要一环,即广播电视网、互联网的互动和融合,既包括物理层面的合一、无缝覆盖,又涵盖业务和服务层面的相互渗透。视网融合的推进对电视业的媒介形态、业务模式乃至观众的收视行为产生了重大影响。

1. 媒介形态的融合

CNNIC发布的《第26次中国互联网络发展状况统计报告》显示:2010年上半年,网络视频用户规模达到2.65亿。报告认为,随着国家三网融合政策的部署和实施,中国网络视频也将迎来新的发展机遇:视频传输速率的提高,接入渠道的增多,将使网络视频获得更广泛的用户支持,成为大众视频消费的重要方式,快速提升网络视频的媒体价值和商业价值。①

随着电视技术和互联网技术的发展,基于网络视频的视网融合主要有三种新媒介形态,即电视台网站、网络电视及IPTV。其中网络电视又可分为以

---

* 本文原刊登于《现代传播(中国传媒大学学报)》2010年第11期,作者丁俊杰、张树庭、李未柠,收入本书时略有删改。

① 中国互联网信息中心. 第26次中国互联网络发展状况统计报告 [R]. 2010.

土豆、优酷、PPS、PPLIVE 等为代表的分享型或 B2C 型视频网站，以新浪、搜狐为代表的大型门户网站，以及以中国网络电视台（CNTV）为代表的网络电视台。[①] 目前湖南卫视、东方卫视、安徽卫视、江苏卫视等强势省级卫视也先后完成了各自官网的网络电视台改造。网络电视是现阶段视网融合最主要也最有影响力的媒介形态。

2. 服务层面的融合

视网融合对电视的影响，除了导致上述新媒介形态的出现，还有服务层面的影响：包括节目内容的变革、营销模式的创新以及产业链的延伸和发展。

中国目前仅省级卫视便有 31 个（不含港澳台地区），地面频道更是多达 1100 多个。据业内人士估算，维持一个卫星频道正常运行的费用每年大约为 2 亿元。[②] 因此，电视台为了生存，必须积极应对竞争，不断拓展扩大自身影响力的渠道。视网融合之后，电视节目的人气和频道的关注度都将提升一个台阶，特别是电视节目网络人气的聚集将为电视在受众服务层面开辟更大的发展空间和创新机遇。

以电视剧为例，电视剧版权同步出售给电视台和网站，使不同播出平台概念得到强化。如《三国》在搜狐网和安徽卫视同步首播，其前期进行的网站和电视同步宣传推广、一系列网站专题制作、线上线下网民和受众互动以及制造观众每周热点话题，举办"三国英雄榜"有奖投票活动等，不仅为《三国》赢得了同期收视率第一的电视影响力，还为其聚集了大量的网络人气。根据中国传媒大学网络舆情（口碑）研究所发布的《2010 上半年度全国上星频道网络人气研究报告》，《三国》在"2010 上半年度电视剧网络人气 TOP10"中拔得头筹，这是视网融合后节目内容在跨媒介宣传中实现效果最大化的典型案例。

---

① 刘琼. 网络电视：观众的个人"专属电视台"［EB/OL］.（2005-04）［2010-08-27］. http://futures. money. hexun. com/1096128. shtml.

② 刘长乐. 打造"大电视产业链"，发现中国电视传媒的"蓝海"［EB/OL］（2007-01）［2010-08-21］. http://www. cnci. gov. cn/content/2007125/news_19048_p5. shtml.

3. 收视行为的改变

年轻观众流失、收视群体老龄化现已成为当前电视业发展的一个无法回避的事实。央视－索福瑞的数据显示，在2009年的149个调查城市中，15—34岁青年观众占比例为24%，35—45岁中年观众占比近40%，55岁及以上老年观众占比27%。而15—34岁青年观众每日收看电视的时长为130分钟左右，55岁及以上老年观众每日收看电视250分钟左右，以观众规模和人均收看时长的乘积作为电视消费总量，15—34岁观众的收视贡献只占17%，而老年观众的收视贡献占40%。

互联网的飞速发展，使得网民的互联网使用频率和时间已经远远超过了其他媒介。调查发现，84.9%的网民会上网，而看电视的比例为69.8%，看报纸和杂志的比例分别为43.5%和23.3%，听广播的比例为17.6%。[1]

相对于电视观众的"被选择"，视网融合为网民创造了更积极的"主动选择"机会，"看电视"的行为特征被颠覆，受众穿梭在不同类型的媒介之间，越来越多的年轻受众群体不是坐在电视机前等候电视节目，而是在电脑上通过视频点播或下载后再收看。

二、视网融合下电视节目影响力的变化

在媒介的融合竞争中，电视的地位和影响力是否只是一味地降低？电视能否借互联网之力和融合之机寻找新的发展机遇？电视的影响力究竟发生了哪些变化？这些都是值得我们认真探究的课题。

1. 多级传播中的草根舆论领袖在崛起

多级传播由美国著名社会学家保罗·拉扎斯菲尔德提出的"两级传播论"发展而来，即一种观点总是先传播到舆论领袖，再由舆论领袖传播到不那么活跃的人群。信息的传播是按照"媒介—意见领袖—受众"这种两极传播的

---

[1] 正望咨询. 2009年中国搜索引擎用户市场调查结果[R]. 2009.

模式进行的①。而在视网融合时代，节目在电视台播出之后，网民会在网络上对节目内容进行评点或深度挖掘，从不同视角解读节目话题，探讨节目中无法展现的背后故事等，这些都有可能在网络上形成热点话题，吸引更多的人去关注节目。

随着网络被越来越多的人接受和使用，互联网引领社会话题和舆论的作用力日益增强。这些话题和舆论为节目创造声势，赋予节目口碑，从而吸引了越来越多的人关注和参与节目，不仅提高了节目的收视率，更扩大了节目的影响力。

在互联网上多级扩散的传播中，网民成了草根舆论领袖。与单途径的电视传播相比，在视网融合下的多级传播过程中，节目的影响力得到了极大提升。

2. "窗口化"播出强化"围观"效应

"窗口化"策略原是好莱坞电影发行的一种营销模式，通过多级别的"窗口"播出创造出范围经济效应。视网融合后，节目供应商可以对节目进行多级开发，通过把观众看成不同的"窗口"来最大限度地开发利用节目，从而实现节目价值的最大化。视网融合后，电视节目发行也呈现出"窗口化"特征，不仅有网站和电视台的同步首播，还有在电视播出后的网上视频点播。不同媒介渠道的多次播出弥补了错过当期节目的观众的期待，也吸引了看到网上评论追随而来的网民，网络热词"围观"生动地概括了这种现象。

实际上这种"围观"效应与"沉默的螺旋"理论高度契合：网民讨论的热点话题吸引了越来越多的人参与。这种参与可能并非出于个人兴趣，关注行为本身也许并不是发自受众内心的好奇或受表达动机的驱使，而是由于担心自己存在话题盲点无法加入讨论，从而被群体孤立和排斥。于是，更多的人去关注电视节目，而后加入网络讨论，最终使电视节目扩散成社会话题。

---

① 郭庆光. 传播学教程［M］. 北京：中国人民大学出版社，1999.

这种舆论影响的趋势呈现螺旋式态势，与"沉默螺旋"的扩散方式如出一辙，并且受众也同样是"被舆论裹挟"式地参与。

3. 媒介间议程设置的相互影响更加显著

视网融合背景下，媒介的议程设置变成了媒介间议程的相互设置。以江苏台《非诚勿扰》为例，其以嘉宾犀利大胆的言论、冲突性的话语对抗、节目的独特创意吸引了第一批电视受众，在开播之初就取得了不错的收视率。由于节目制造出了热点话题，引起了网上的热烈讨论，吸引了更多人在周末晚上等待这档相亲节目，收视率随之屡创新高，曾一度超过湖南卫视的综艺王牌《快乐大本营》，现实中的高收视率则再次推高了网络关注人气。中国传媒大学网络舆情（口碑）研究所的调查显示，《非诚勿扰》2010上半年度网络人气指数在生活服务类栏目里总排名第二。电视和网络间的议程相互设置在该档节目中体现得非常明显。

以马诺、马伊咪、谢佳、闫凤娇等为代表的《非诚勿扰》女嘉宾在节目中的突出表现，成为网民深度挖掘和关注的对象，她们在网络上迅速蹿红。这些嘉宾从荧屏上被关注发展到在网络上获得高人气，最后得到其他媒体的青睐，如马诺和谢佳就分别被其他电视台邀请为主持人或嘉宾。

网络上看似碎片化的意见评论，汇集到一起就塑造出了荧屏后嘉宾的完整形象，节目的综合形象也在网络的褒贬声中赫然呈现。网络上对《非诚勿扰》关于嘉宾身份造假、价值取向引导不当等的批评甚至引得国家广电总局出面干涉，最后导致栏目大改版。由此也可以看出，网络舆论不仅对电视节目的议题有着很大影响，还对节目起着颇为有力的监督作用。

三、传统电视节目影响力评估体系面临挑战

1. 唯收视率的电视节目影响力评估体系备受质疑

20世纪80年代中期，作为国外电视产业的重要指标之一，电视收视率调

查方法被引进我国。二十多年以来，收视率以"通行货币"的角色，对我国电视业市场化起到很好的推动作用，但电视行业的唯收视率现象也随之产生。

因收视率自身局限以及唯收视率的电视节目评估体系所引起的一系列问题正在慢慢显现：收视率依靠样本观众的手动记录或频道切换轨迹的监测方法，仅在数量上对观众收视行为进行监测，而忽略了对观众的喜好、满意度、忠诚度等重要指标的评估，收视率的高低并不能综合反映电视节目的影响力；收视率调查在抽样样本设计上的缺陷所引起的诸如收买样本等不良现象，导致收视率无法体现观众的真实收视行为，"收视率造假"成为众矢之的。收视行为为隐私性需求，具有功利性、世俗性等特点，唯收视率现象加快了相当一部分电视节目的庸俗化、媚俗化和低俗化，于是收视率被认为是"万恶之源"，是导致跟风抄袭、低俗内容泛滥成灾的罪魁祸首，对社会文化没有起到好的引导作用。

2010年7月7日，《人民日报》的《三批收视率造假，剑指低俗化风险》一文尖锐地指出："收视率调查和使用中存在的种种漏洞，为造假行为提供了可乘之机。另一方面，仅有收视率这一电视行业的'通用货币'，也加剧了电视发展的商业化趋势和低俗化风险。"[1]

2. 视网融合背景下电视节目评估体系两大要素出现新变化

在视网融合导致电视节目影响力发生变化的背景下，探讨一种新的电视节目评估手段与方法，促使当前"收视率独大"的电视节目评估体系更加综合、全面与科学，具有重要的理论意义和实践价值。

一个完整的评估体系包含主体、对象、手段和方法等方面。视网融合使传统评估体系中的评估主体和评估对象两大要素出现了新的变化，从而为新的电视节目评估体系的提出提供了依据。

一是评估主体的变化。传统电视节目评估模式中，实施评估的主体主要包括电视观众、专家、政府、广告商等。在视网融合的新媒体环境下，随着

---

[1] 三批收视率造假，剑指低俗化风险[N].人民日报，2010-07-07（12）.

我国网民数量的激增以及网络收视行为的活跃，网民有必要且应当作为电视节目评估的重要主体之一。

二是评估对象的变化。传统电视媒体环境下，评估对象非常单一和明确。随着视网融合新技术的发展，电视节目传播载体变得多元化，网民表达途径也变得多样化，因此评估对象也应从传统电视节目延展到基于新载体的节目，如网络视频以及新载体上所有与节目相关的内容，包括论坛、博客、维基百科、贴吧等网民意见的汇总。

3. 电视行业发展趋势要求电视节目评估体系的创新

随着电视行业竞争的加剧，曾经千台一面的频道格局出现分化，频道专业化成为各台、频道谋求持续发展的战略选择。这背后则是电视观众的碎片化及其收视需求的分化。

在电视频道专业化、电视观众碎片化的行业发展现状及趋势之下，一个电视频道、一档电视栏目的目标受众将更加分化、精确，这使得以调查样本推及整体社会人口结构的收视率评估体系了出现不适应与失衡的现象。例如，某档节目的影响力与其收视率的不匹配，该节目在某一群体尤其是年轻群体中收视率或影响力较大，但其整体收视率、收视份额与其他节目相比却无优势甚至落后，年轻观众的逐步流失进一步加剧了这种状况。因此，以抽样调查为主要方法获得的回答"有多少人在看"的收视率评估体系有待创新，角度更多维、指标更多元、更接近电视影响力实际的新评估体系亟待开发。

四、电视节目影响力评估新视角——网络人气评估

1. 电视节目网络人气评估的含义

随着视网融合的推进，互联网已成为电视节目扩大自身影响力的重要渠道。一方面，网络收视行为日趋增多，通过网络电视台、网络视频，网民在互联网这个平台上对电视节目给予了关注。另一方面，网络讨论日益活跃，

随着 Web2.0 技术的成熟，去中心化的网络舆论更具主动性、互动性，在个人博客、社区论坛中，网民对电视节目的讨论十分活跃，相关话题大至整个电视产业的发展动向，小至一档节目的主持人、嘉宾乃至他们说的某句话。此外，各电视台的网络宣传意识也日益提高，充分利用网络平台对自身进行积极宣传与造势。

以上三个方面促成了电视节目在网络上形成一种基于网民讨论的人气氛围。电视节目的这种网络人气氛围既是电视节目自身影响力的一种体现，同时又具有影响性，可通过网络舆论的传播对电视节目本身的收视率提升乃至品牌塑造产生影响。

概而言之，电视节目网络人气评估即对电视节目网络舆论状况的评估，以此考量电视节目在网络上的影响力。其不仅表现为对人气量级上的高低评估，同时也通过对网民讨论内容的分析实现对网民态度和观点的甄别分析。

2. 电视节目网络人气评估的科学性

传统大众媒体缺乏快捷的反馈途径，因而受众意见的监测和汇总一直是困扰大众媒体影响力评估的一个难题。视网融合后的媒介生态环境下，受众在网络上找到了反馈渠道和表达意见的快捷平台，收看节目的规划性和自主性也随之加强。

传统的收视率评估方法只能抽样统计受众数量和收视情况。视网融合后，网民对电视节目的意见和观点可以在网络平台上集中表现出来，电视节目网络人气评估正是通过对网民的意见与观点的统计和量化来评估电视节目的综合影响力的，从而弥补了传统收视率评估在受众态度评估考量上的不足。

电视节目网络人气评估在传统评估体系注重数量统计的基础上，进行更全面的受众意见数据收集和更精确的指数计算，采取多维的交叉视角，通过细化的、多维度的指标，并运用内容分析和文本分析等方法，对受众反馈进行深层次解读，将传统数量评估拓展为定性和定量相结合的深度分析，在方法论上更具科学性和严谨性。

3. 电视节目网络人气评估的难点

电视节目网络人气评估作为一种基于网民对电视节目相关言论的统计、分析方法，现阶段在操作及应用上也存在难点，主要表现在两个方面：一是由于电视节目的网络传播载体数量庞大、构成复杂，自身影响力不一，如何科学合理地建立电视行业网站观察系统，并对各个网站加以权重厘定，具有相当的难度。二是网民的网络行为具有隐匿、多变的特点，且汉语语言相对复杂，对网民个体的跟踪式监测、对有效网络信息的准确鉴别和分类，难度也很大。这些难点还需要我们在今后的研究、实践中继续探索与完善。

五、结语

应对当前电视业界对新型电视节目评估体系的需求，中国传媒大学网络舆情（口碑）研究所承担了2010年国家广电总局部级重点社科研究项目"中国电视节目网络人气指数体系研究"，旨在建立国内首个科学的、可量化的电视节目网络人气评估体系，以形成收视率评估体系的有力补充，为视网融合下我国电视节目质量综合评估以及产业探索与实践提供切实可行的思路、观点与方法。

基于学术分途的新闻教育哲学探索*

作为大学的专业或系科，新闻学术进入大学已有一百余年光景，其最初的理想——将新闻业视为专业，新闻教育专业化——已在大学结出丰硕的成果，从大学走出去的新闻专业人员用自身的专业精神践行了新闻学术的尊严。但是，新闻学术未能获得与其名称相对应的学术本身的尊严，而"新闻术"仍在新闻学的名义下生存。我们面临的基本处境依然是：学术不分，以学的方式研术，以术的路径求学。在大前提模糊的背景下，以"新闻学术"为基本目标和范围的"高等教育"，不可避免地处于认识和行动的盲区。

一、新闻学：一个至今仍未得到严格正名的学科

可以说，作为严格科学或学科的新闻学仍然处于襁褓之中，尚未获得独立的尊严。这样的直观判断是基于对可能的新闻学之莫大尊重，更是基于对新闻之"学与术分途而同归"的期待。无论是作为新闻学发源地的美国密苏里大学新闻学院或哥伦比亚大学新闻学院，还是作为中国新闻学诞生标志的北京大学新闻学研究会和徐宝璜先生的《新闻学》，新闻学发祥的初衷皆是实践取向，即基于实践、通过实践、为了实践的学术动机和路向。沃尔特·威廉姆斯（Walter Williams）为密苏里大学新闻学院确立了新闻学及其教育的基

---

* 本文系提交给第 2 届世界新闻教育大会（南非）的论文"，原刊登于《现代传播（中国传播大学学报）》2011 年第 8 期，作者丁俊杰、杨旭东，收入本书时略有删改。

本原则是"学习新闻和广告的最好的方式是实践"。而哥伦比亚新闻学院的捐赠人约瑟夫·普利策（Joseph Pulitzer）之新闻教育理想是：基于新闻工作的专业化理想，从道德和理智两个层面教育或培训新闻从业者。我们不妨看一下中国新闻学起源地北京大学新闻研究会之《简章》："本会以灌输新闻知识，培养新闻人才为宗旨。""本会研究之事项如下：（甲）新闻之范围、（乙）新闻之采集、（丙）新闻之编辑、（丁）新闻之选题、（戊）新闻通信法、（己）新闻纸与通信社之组织。"① 再看看徐宝璜先生的著作《新闻学》为"新闻学"所下的定义："新闻学者，研究新闻纸之各问题而求得一正当解决之学也。"② 而《新闻学》内部结构本身呈现的也是"实践取向"，尽管后世研究者按照"新闻理论"和"新闻业务"的划分使《新闻学》呈现出"学"和"术"的二分结构，但是此种划分本身却是基于"实践取向"的。"新闻纸之职务""新闻之定义""新闻之精采""新闻之价值""新闻之采集"等③ 无不显示出新闻学的实践取向，即新闻工作本身是要回答如徐宝璜先生所言"求得一正当解决"的。新闻学的原始动机和学术道路在多大程度上规定或影响了之后新闻学的走向，这是一个实证性很强的历史议题。但是今天"新闻学院"的高级新闻从业者培训机构的基本性质，以及经典"教科书"所呈现的新闻学实践取向，作为"流动的文本"依然历历在目。

　　将新闻工作本身从日常事务的操劳中分离出来作为认真对待的学问，这是新闻学——新闻的学问——最初的胜利，这有利于、也极大地促成了新闻工作专业化的发展，这是普利策等前辈们的理想。但是，新闻学何以在学界、在众多领域的人文学、社会科学丛林中获得足够的理智上的尊严？新闻学与众多领域的人文学、社会科学基于理智上的深刻联系何在？新闻学又能否凭借什么开辟出独特的学理疆域，从而为人文学、社会科学作出独立的理智贡献？这是值得探究的一系列问题。

　　如果说新闻学朝"新闻工作"做理智上的努力是必须的，那么将目光、

---

① 蔡元培.北京大学新闻研究会简章//蔡元培全集　第三卷［M］.北京：中华书局，1984：365.
② 徐宝璜.新闻学［M］.长春：时代文艺出版社，2009：2、5-85.
③ 徐宝璜.新闻学［M］.长春：时代文艺出版社，2009：2、5-85.

视线和整个学术焦点停留在"新闻工作"上,则对于新闻学——一个可能具有无限理智魅力的学术领域而言还远远不够。真正的问题以及真知的破晓,总是显现于看不见的地方。新闻看起来是显现于世的事件,但是围绕着新闻及其依托的媒体、意识形态、主观意识,视角和立场,以及新闻所包含的事情本身的复杂程度,新闻这一左右和影响人类视听、心理乃至意识源泉的"主观事实"则面临着重要的"是非"问题。作为"主观事实"的新闻,由于"新"的压力,即时间的压力,往往成为人类最具悬疑性的构造之物。"世界"是由新闻构造出来的,而处于加速度中的现代和当下更是由新闻来主宰的。新闻自身的构造,新闻流布所左右的社会构造,新闻悄无声息所影响和制约的意识构造,促使新闻学成为关系人类命运的重要理智领域。"新闻无学"只是对一些学术现状的感慨而已,新闻之"大学"挑战着人类最深不可测的理智极限。20世纪现象学的箴言"面向事情本身"仍然是我们面对"新闻"时的基本态度,"测量""新闻事情本身"与新闻面对的客观事实本身之间的距离,构成了新闻学的处境。而新闻工作流程的专业化始终是这一处境下的"第二性"问题或非本质问题。

对新闻本身的追问,已经牵涉了人类迄今发现或正在探索的绝大多数学科领域,当我们将新闻作为社会现象来看待时,新闻学将显示出社会学的性质;当我们将新闻及其组织作为原初的人类事态来看待时,新闻学又分享了人类学"田野研究"的精神;当我们将新闻作为主观意识的构造来看待时,新闻学又是心理学的实验场地;当我们将新闻作为社会意识和个体意识构造的原动力来看待时,新闻学又将成为教育学的重要理智来源之一;当我们将新闻作为"人伦"相交汇、"人心"相交通的人文事件来看待时,新闻学在很大意义上分有了人文学的领地。所有的这一切都和新闻学作为哲学有关。再有,新闻总是由媒介来承载的,媒介的性质和传播方式在很大程度上左右或影响着"新闻"。所以,新闻学,作为有足够理智魅力的学问,必然生长在人类已然发现或有待发现的人文学、社会科学以及媒介科技等"学科大地"上。同时,新闻学的尊严还体现为通过对新闻本身的追问,经由新闻的破晓,人类或许会发现更多的社会事实和人类自身的事情,如此,新闻学将为其他人类学科提供理智的帮助。其实人文学、社会科学的各个领域,又何尝不是学科间互相支撑、相互滋养乃至交相辉映的知识系统内部的友爱关系呢!正如纽曼(John Henry New man)曾经深刻洞察到的:"所有的知识是一个整体,单一的科学是整体的组成部分。……构成知识的各门科学之间有着千丝万缕的联系。它们内部统一协调,并且允许甚至是需要比较和调整。它们相互补充、相互纠正、相互平衡。"①

新闻是什么?新闻何以可能?新闻何以还原真实的世界?新闻是人类"客观性需求"对"主观性"的真正挑战。不仅如此,"第一时间"的"新"闻要求,加剧了"新闻"本身的焦虑。这种持续的焦虑将撒播在每一个具有正义和真实之内心要求的新闻工作者或新闻人身上。但是新闻和新闻学的尊严,正是基于对新闻本身的追问和践行。这绝非是任何关于新闻的定义所能显示的。经典的新闻定义莫不以"事实"为新闻鹄的,但是却无视"事实"出自人类的"主观",而任何关于新闻之定义所关注的恰恰是局限于主观性的新闻"事实"。也许,让新闻负载"还原最近(或正在)发生的真实世界"这一使命过于沉重,乃至使其不堪重负。人类生活在"自以为真的'真实'世界"里,又何必追究新闻自身的客观性呢?但是,新闻本身仍然寄托了人类追求客观世界的理想,传播"最近""即时""当下""事件的真实",以新闻的方式还原真实世界,仍然是新闻的不二通则。新闻学负载着对"真实"的追问和质疑。历史的真实,被赋予历史学;现实的真实,被赋予新闻学、社会学等学科。

二、新闻术:实践智慧远未澄明

由此观之,事实上新闻学自其诞生之日起,就走上了"实践知识"的道路,百余年的新闻学追求的是新闻工作的学问,即"新闻的工艺"或新闻术,这对于将新闻工作专业化、凝练新闻实践知识而言,具有非凡的意义。但是,

---

① 纽曼. 大学的理想[M]. 徐辉,等译. 杭州:浙江教育出版社,2001:20-21、24、21.

大学围墙内以"学理"的态度和工作方式来寻求实践知识或智慧，辛苦而难得。当我们陷入概念、命题及其自身循环的"道理"中时，便常常错过流动的、灵动的新闻实践智慧，错过将新闻实践智慧凝练为新闻实践知识的机缘。

新闻的工艺或新闻术，从其产生的本源看，诞生于新闻工作或实践的现场，"实践"一词本身带有理性化的意味，新闻工作总是在践行新闻的理念——修复既有的理念，创造新的理念。新闻工作现场产生的新闻智慧，暗含在书写、传播的新闻之中。每一个卓尔不凡的新闻工作者，都在书写自己的新闻智慧，尽管看起来他们只是在书写、传播实际的新闻，而恰恰因为他们的工作目标是呈现如其所示的事件，即新闻，他们通常忽视了书写、传播自己的新闻智慧，将毕生不断修复、创造的新闻智慧理性化为新闻知识呈现给世人。令人非常遗憾的是，一代代新闻工作者的实践智慧却随着他们的离世而流失。尽管在实际工作中也会有新闻业务层面的代际相传，但是和完全开放的新闻实践智慧之薪火相传相比，新闻业务层面的代际相传远远不能与之相提并论，因为新闻实践智慧的流失，是在不知不觉中发生的，其拥有者本人尚未意识到实践智慧的凝练和传播的意义。最终，遍布四海的新闻实践智慧远未如其所是地呈现、远未达到澄明之境，新闻工作现场的实践智慧最终成了令人遗憾的"缄默知识"——曾经存在，悄然流逝。

而新闻实践智慧的理性呈现，并将之传诸后学，这恰恰是大学新闻教育的原初目标——探索新闻工作（实践）的学问并传递之。但由于新闻工作的学问方式并不十分恰当，导致新闻学丧失了灵动的新闻实践智慧，甚至有堕落为新闻教条的危险。现实的新闻学自有其教育上的意义和价值，但是我们应该诚实地看到最经典的新闻学教本也是曾经的新闻实践智慧之结晶。在向经典的新闻学教本致敬的同时，我们应该回到新闻工作现场，寻找新闻实践智慧的踪迹，而新闻学者的天职负有理性化的使命。

只是以新闻工作之学问为专职目标的新闻学者，必须小心"理性的僭越"，盖因为新闻工作之学问分布在新闻所处的各个角落，掌握在新闻工作者手中，我们所做的也只是部分理性化或辅助理性化的工作。呈现新闻的工艺或新闻术，只能通过超越新闻学与新闻实践、新闻学者与新闻工作者的简单

二分制度设计，通过新闻工艺激励政策，还原现场的新闻实践智慧并将其变为精彩纷呈的新闻实践知识。而新闻学者，有着更为艰巨的思想史或知识史使命。

"新闻术"，听起来不如"新闻学"动听悦耳。但是当人们发现呈现、传播于世的新闻术是如此贫乏，远不能与新闻工作的实绩匹配时，当人们发现大学新闻教育的理想是新闻的工艺或新闻术时，当人们发现新闻的工艺或新闻术对于人类新闻事业的教导意义时，新闻术应该获得自身独立的尊严了。而真正意义上的新闻学之探索，又绝不能离开新闻术这片大地，当新闻实践致力于探究新闻的品质和事件的真实性时，甚至致力于探索人性和社会结构时，新闻术和新闻学之间的障碍将全然打破，脉脉相通。此时，新闻工作也不单单是特殊职业的使命，更增添了觉察人性和社会结构的乐趣。

三、新闻学与新闻术之高等教育

作为一门有着高深理智追求的人类重要学科领域，新闻学着力探索现实世界的真实，而将实际新闻工作智慧和知识的探索托付于新闻术。基于此崇高目的，新闻学理应在大学占据一席学科之地，并与其他社会科学、人文学科一起构成人类研究自身的学科群。基于此目的和旨趣，新闻学的出发点不是为了促进新闻工作的专业化，尽管新闻学的成就必定有助于新闻工作的专业化，新闻学担负着对新闻之纯粹学理的探究和发现，其纯粹学理追求，旨在探究"最近、即时发生的事件"之真实性，探究这一真实性何以超越人类不可避免的自身主观性。新闻学探索的结果——新闻学知识，也将首先有助于人类观察自身，以"新闻"这样一个着眼点或契机，探索人类通向真实世界的可能道路。新闻学也将首先满足于自身的理智目的，而其对新闻术的启示意义是其理智目的的自然结果。从这个意义上讲，新闻学配享人类理智的最高尊严，"知识不仅仅是达到知识以外的某种东西的方式，或是自然地发展某些技能的基础，而且是自身足以依赖和探求的目的。"①

以纯粹学理为目的的新闻学，应抱有纯粹的高等教育旨趣，而尽力减少社会功用的压力，避免社会功利的侵蚀。人类的理智恰恰在无功利的精神氛围里获得了最大的进步。"当人们关心如何立即将贱金属转变为金时，化学只能停滞不前；但当它暂时忽视功用和实际时，它却前进了。今天，化学的理论和化学的实际不断相互促进。同样，直到医学基础科学分化出来并能够不考虑实际功用而自由发展时，医学才摆脱了几乎停滞不前的状态。近来临床医学的发展也表明了同样的情况：当疾病被作为一种现象加以研究，病人和问题的选择是依据临床医生的研究兴趣时，疾病最有可能被认识——也最有可能被攻克。"②像新闻学这样与实践领域有直接联系、实践领域对其有重要期待，并且以"实践内容"命名的学科，其学问的积累最易偏向"工作或操作的学问"，结果导致对新闻本质的探究常常被新闻的操作性定义所取代，而疏于纯粹学理的探究。这不仅是新闻学的工作实情，也是整个社会科学的走向，"社会科学的发展还不足以使其获得确定的科学地位。有同情心的旁观者担心，脆弱的理论或科学结构正跟着它无法承受的实际压力走"。③

"纯科学使人的思想发生变革，而应用科学则注定要使人的生活发生变革。"④作为有着"经世致用"情怀的新闻术，它应该有恰当的方法和道路，探寻远远超越现在所能呈现的新闻实践智慧，而其前提是摆脱目前"以学的方式治术"的窠臼。新闻教育机构呈现出的保守性不能成为新闻教育滞后的理由，"社会机构往往落后于它们所表现和推动的生活"。⑤至于密苏里大学新闻

---

① 纽曼.大学的理想[M].徐辉，等译.杭州：浙江教育出版社：20—21、24、21.
② 弗莱克斯纳.现代大学论[M].徐辉，译.杭州：浙江教育出版社，2001：11、15、3、142-143.
③ 弗莱克斯纳.现代大学论[M].徐辉，译.杭州：浙江教育出版社，2001：11、15、3、142-143.
④ 弗莱克斯纳.现代大学论[M].徐辉，译.杭州：浙江教育出版社，2001：11、15、3、142-143页.
⑤ 弗莱克斯纳.现代大学论[M].徐辉，译.杭州：浙江教育出版社，2001：11、15、3、142-143.

学院、哥伦比亚大学新闻学院的师资相当程度上来源于一线媒体的杰出新闻工作者，盖因为它们选择拥有更为丰富新闻实践智慧之"教师"，而大学提供的理智环境有助于其实践智慧的理性化。

由于新闻学和新闻术有着不同性质的学术追求和"高等教育"追求，在设计上宜采取"学术分途"之策。学术不分，以学的方式治术，在术的世界里问学，结果导致学问的歧路，一代代高等教育学子误入歧途。20世纪初中国现代教育制度的设计师、中国现代大学之父蔡元培先生深谙"学术不分"之流弊，他甚至意图在"命名"的层面明确学与术的界限："鄙人以为治学者可谓之'大学'，治术者可谓之'高等专门学校'。两者有性质之别，而不必有年限与程度之差。在大学，则必择其以终身研究学问者为之师，而希望学生除研究学问以外，别无何等之目的。其在高等专门，则为归集资料，实地联系起见，方且于学校中设法庭、商场等雏形，则大延现任之法吏、技师以教之，亦无不可。即学生日日悬毕业后之法吏、技师以为的，亦无不可。以此等性质之差别，而一谓之'大'，一谓之'高'，取其易于识别，无他意也。"①

尽管新闻之学和新闻之术有着逻辑上的天然联系和事实上"术有赖于学"的紧密联系，但是新闻之学和新闻之术却分属于不同的性质，归于不同的宗旨。新闻之学应该从学理或知识本身获得其本有的性质和尊严，新闻之学应该成为社会科学、人类自身学科的实验场地，进而成为社会科学和人类自身学科的诞生地；而新闻之术则应该凝结新闻业的全部智慧，成为新闻业的指南针或启示录。在此意义上，新闻之学和新闻之术才能获得真正意义上的汇流与交通，即术有资于学，术有赖于学。

在高等教育制度的设计上，新闻学教育作为社会科学、人文学科群中的成员之一，应该更加注重学科间的内在联系与沟通，新闻学及其教育应该汲取社会科学和人文学科的思想和方法，新闻学教育的前提是真正意义上的通

---

① 蔡元培. 读周春嶽君《大学改制之商榷》// 蔡元培全集 第三卷[M]. 北京：中华书局，1984：148–155.

识教育，新闻学钻研得越深，新闻与人、新闻与社会之间的联系越深刻，新闻学教育越需要多学科思想和方法的滋养，"一门科学被视为整体的一部分时所产生的意义，与一门孤立的科学在没有其他科学的保障情况下所产生的意义是不可同日而语的"，"若这门学科与其他学科结合在一起，那么这门学科对学生的影响便依其他学科而定"。① 新闻教育走进大学殿堂的早期，弗莱克斯纳以批判的口吻谈及新闻教育在哥伦比亚新闻学院的最初走向："新闻是一个极其重要的社会现象，对其进行批判性研究很值得纳入一个大学社会科学系的范围。但是新闻仍不是法学和医学意义上的专业。新闻学院的'专业'训练完全打断了人在最重要的时期接受教育的可能性。可以肯定，虚假的'专业'训练决不能弥补（学生）在历史学、政治学、文学、科学和哲学方面未受到充实的教育的损失。"② 弗莱克斯纳的话有一半是正确的，即新闻学应该纳入社会科学体系中设计其学问的道路和教育的方向；另一半则看走了眼，新闻工作的专业化是 20 世纪以来最重要的专业化领域之一。

新闻工作的专业化仍然是新闻术或新闻专业知识追求的方向，其专业化程度，虽与法律工作和医生工作的专业化尚不能相提并论，但我们应该历史地来看待这个问题，后二者的专业化历史已经以千年计，而新闻工作的专业化历史只有百余年。更重要的是，新闻专业知识的追求方式尚远远不能达到新闻工作已有的实践成就之高度，更高程度的专业化需要更正确的道路和方式。新闻实践智慧的理性化是新闻专业知识积累的捷径，但是如何从"缄默"到"显现"乃至"传播"，却是今后新闻专业教育在制度设计上面临的难题。

四、新闻志业与新闻专业道德

尽管新闻学和新闻术在实践中、在人类分工体制中，不得不分而治之，

---

① 蔡元培.读周春嶽君《大学改制之商榷》// 蔡元培全集　第三卷［M］.北京：中华书局，1984：148-155.
② 蔡元培.读周春嶽君《大学改制之商榷》// 蔡元培全集　第三卷［M］.北京：中华书局，1984：148-155.

"学术分途"对于新闻学与新闻术的双向发展有着特别的意义；但是，治"新闻术"的前提——新闻专业道德——却蕴含于以新闻真实为志业的新闻学中，即新闻志业是新闻专业道德的根本和源头所在。在新闻专业实践中普遍受到重视的新闻专业道德问题是，新闻是否"刻意"违背新闻真实原则，但人们却普遍忽视了更为常见的新闻专业道德问题，即虽未"刻意"违背新闻专业道德，甚至抱持新闻真实原则，结果却出现了违反新闻真实原则或缺乏新闻专业道德的情况。这一情形映证了真正意义上的新闻学的缺失，导致"当下的真实"成为可遇难求的方向和要旨。新闻真实原则，旨在呈现、揭示、还原"当下的真实"，正像历史学要呈现、揭示和还原"历史的真实"。但是通向"当下的真实"却是艰难的道路，整个社会科学乃至关切"此在人文"的学科都以此为鹄的，稍有区别的是，新闻学在呈现、揭示、还原当下的真实这一要旨上显得更焦虑、更揪心，因为它是迄今为止唯一"表示"这一崇高要旨的学科。

  新闻学需要追问的是：新闻真实何以可能？呈现、揭示、还原当下的真实何以可能？生活在稍纵即逝、变迁流转的现实世界，人们常常以"耳闻目睹""亲身经历"作为"真实"的可靠依据。诚然，这是相对于"间接听闻"而言更为可靠的获得真实消息的方式。但是，我们生活在"制造听闻效果"的众声喧哗的世界里，"现代"一词的寓意，某种程度上意味着过度修辞，甚至"修辞就是内容"，也意味着古希腊以来人类忧心的"意见世界"更为夸张地主宰着人们的视听。因此，由此决定的"听闻世界"本身并不可靠。除此之外，"听闻世界"的"接收器"——我们自己的主观世界——也非真实的可靠基地。不可靠的"听闻世界"，经由不可靠的主观世界之过滤选择，造成"当下的真实"处于被层层遮蔽的境地。由此，呈现、揭示、还原，就成为真正意义上的学理工作。

  尽管历史积淀至今的新闻学是在新闻术的意义上去理解、研究和传授的，但是，呈现、揭示、还原"当下的真实"，仍然是以新闻真实为志业的人的原始动机，他们的宗旨不仅仅是向世界传达"他们听闻的'听闻世界'"，采写熟练的新闻稿不是其毕生追求的理想。相反，在日复一日的新闻工作中，他们隐忍着无法释怀的痛苦,"真实何以可能""还原真实何以可能"这些问题始终盘亘在他们所从事的新闻工作中,并将延续到他们即将从事的新闻工作中。痛苦的最初萌生,在于他们意识到了"新闻"和"真实"之间的距离,在他们意识到"新闻"可能遮蔽、掩盖"真实"的瞬间,而真正的痛苦、彻底的痛苦是在他们无能为力的时候。这里,笔者只是在粗略地描述一个"新闻志业者"遇到的情形。在韦伯《以学术为专业》《以政治为专业》两篇演讲中,"vocation"被翻译成"志业",以表明与"职业"的区别(在寻常的理解中,"职业"总是在"生计"和"交换"等日常功用态度上来理解的);而"专业"有"神的召唤"之义,意味着"虔敬""纯粹""陶醉""献身"。以"当下的真实——新闻真实"为"专业"的人,将处身于新闻学——真正意义上的新闻学理——的质朴、崇高及与之相伴的痛苦中。

新闻志业,是真正意义的新闻专业道德之源头活水,是怀抱并践行新闻真实原则的基地。"不做假新闻",这看起来是最底线的新闻专业道德律令,用来制约那些刻意或处心积虑违反新闻真实原则的"非法"工作者。但是,这一道德律令,在面对"当下的真实"这一源初的新闻业动机时,却是至高无上的天条。在实际的新闻体制、新闻界习俗及实际操持的新闻工作中,能够做到尽力、勉力不做假新闻,已经是需要克服无数来自现场、来自自身主观性的障碍以后的修为和历练了。一切名副其实的新闻大学、新闻学院,在专业的神圣性和学理尊严的感召下,都有责任点燃新闻学子心中懵懵懂懂的"新闻真实"的火焰,培植新闻志业的种子。而新闻学和新闻术的平衡,是新闻专业教育方案的前提性问题,这需要将新闻学的"专业根基"延伸至以"当下真实"为宗旨的社会或人文学科以及以"历史真实"为宗旨的社会或人文学科中,铸就真正意义上的以"呈现、揭示、还原当下真实"为使命的学科或专业。只有这样,新闻专业道德才有永久的期待,"真实"的传播才有希望。

"功用性"建构中的生存与发展*
——中国广告教育实践四十年解析

功用主义（Utilitarianism）又译作功利主义，也被称为幸福主义，是一种影响巨大的伦理学说，其源头可以溯源到古希腊的伊壁鸠鲁学派的快乐主义，文艺复兴之后，功用主义伴随着新的思潮和资本主义的发展而逐渐成为影响巨大的哲学流派。在教育范畴内，理性主义、功用主义先后对于高等教育产生了深刻影响，改变了之前西方人文主义（主张教育是为了追求自由高尚的人性而不是为了实用的功利目的）主导高等教育的格局。19世纪，赫胥黎和斯宾塞成为科学教育思想的代表，1868年，赫胥黎在演说《在哪里能找到一种自由教育》中，阐述了自由教育就是科学教育的观点[①]；斯宾塞的著作《教育论：智育、德育和体育》中，"什么知识最有价值？"是该书的第一章，他在其中提出了一个最具典型性的问题："什么知识最有价值？答案就是科学，"[②] 即"科学知识最有价值"。在功用主义教育理念指导下创建的美国康乃尔大学，其宗旨是"我要创办一所学校，人人都能在此学习他想要的学科"[③]，体现了一种由功用主义理念支撑的具有实用主义精神的办学思想。此后，最为明确体现功用主义教育理念的大学是威斯康星大学，它主张大学为经济和社会服务。威斯康星大学校长范·海斯认为，大学有三个方面的任务：把学

---

* 本文原刊登于《现代传播》2019年第11期，作者丁俊杰、宋红梅，收入本书时略有删改。
① 赫胥黎. 科学与教育[M]. 单中惠，平波，译. 北京：人民教育出版社，1990：59.
② 斯宾塞. 斯宾塞教育论著选[M]. 胡毅，王承绪，译. 北京：人民教育出版社，2005：23.
③ 徐新义，萧念. 康奈尔大学[M]. 长沙：湖南教育出版社，1991：9.

生培养成有知识能工作的人；发展知识；把知识传授给广大人民，使他们运用这些知识解决经济社会与政治方面的问题。此外，也提出大学直接为地方经济社会发展服务，范·海斯的办学思想被命名为"威斯康星理念"，从而成为功用主义大学理念的代表。此后高等教育的发展日渐强调其社会功用，如哈佛大学校长德里克·博克指出："现代大学已经不再是传统的修道院式的封闭机构，而是变成沟通生活各界、身兼多种功能的超级复合社会组织。"[1] 进入20世纪中叶以来，国际高等教育的趋势之一就是将专业知识优势直接转化为经济发展动力，虽然面临着一些质疑，如人文教育的缺失、教育技术化、教育功利化，但是大学与社会关联紧密的趋势在全球范围内流行起来，甚至引领了区域经济的发展。波士顿地区在哈佛等大学的帮助下，从传统工业地区一跃成为"科学工业综合体"；加州地区由于斯坦福等大学的带动，由荒芜之地成为"硅谷"；韩国的"大田科技工业园区"、日本的"产学合作制"、瑞典的"工学交流中心"、英国的"科学公园"等，都是高等教育产、学、研一体化的典型体现[2]，也是高等教育"功用性"深化和延展的表现。

与此潮流趋势具有一致性的，是1978年开启的中国高等教育的改革。为了国家经济的迅速转型和发展，当时高等教育的定位明确为"服务于经济建设"，功用导向非常清晰，于是催生了不少市场导向、人才需求依赖模式的应用类专业。1983年出现的中国广告学专业高等教育（以下简称"中国广告教育"）就是其中之一。回顾其历史，我们会发现其对于自身"功用性"的追求和塑造贯穿始终。围绕"功用性"，其合理性、专业性、权威性，不断被论证和强化，其中合理性说明其存在的必然性，专业性和权威性支撑其价值说明；更有意味的是，这个过程并非独自完成的，而是与广告行业内外诸多角色协同共创的，包括行业管理部门、广告公司、媒介组织、广告主、行业社团、专业出版，等等，具体通过课程、学术、实训项目等来落实。据此，中国广告教育获得了安身立命的根基，建设出独立的学科体系。这表明其在"功用

---

[1] 赵一凡.美国文化批评集［M］.北京：三联书店，1994：34.
[2] 余逸群.世界高等教育改革的趋势［J］百科知识，1996（4）.

性"的塑造中是有着明确的外在规制力量和支持力量的,并与其内在发展动力融为一体。这样的发展模式,具有鲜明的时代特点和中国特色,也是国际高等教育发展潮流的一个微观呈现。

一、1979—1982 年:"史前史"中的合理性论证

1979—1982 年,是中国广告教育一段不可或缺的"史前史"。国家层面提出"教育要更好地为社会主义建设服务",高等教育领域推出简政放权政策,大学毕业生统一分配制度松动,这些都使得高等教育开始考虑结合社会需求谋划发展。在中国广告教育筹办之前,来自广告业界、相关学者对于广告和广告教育的"正名",业界专业交流的火爆,专业出版受到的追捧,这些都是中国广告教育诞生的重要背景,甚至是对中国广告教育的直接呼唤。对中国广告教育"合理性"的一再说明,使得创办广告学专业的构想开始进入不少高校的蓝图中。当然,这也表明广告学专业高等教育在诞生之前,就已经与业界、行业出版等角色之间产生了密切的关联。

首先,广告在意识形态领域获得的合理性,是广告行业得以快速发展的先决条件,这同样意味着作为一个崭新的应用类学科,广告学专业的合理性得到了证明,这为其发展扫清了障碍,甚而提供了有力的支持。1978 年年底丁允朋在《文汇内参》上反映外贸广告的成效并提出发展国内广告的建议,很快收到中宣部领导同志的批示"可以一试"。1979 年 1 月 14 日,丁允朋在《文汇报》上发表《为广告正名》一文,使得广告身上的"资本主义生意经"的枷锁开始松动,广告获得了"合法"身份。1980 年,张庶平在《人民日报》发表了《要研究点广告学》,这是"最早的广告研究宣言",这也是在呼吁广告的专业性需要得到重视,与广告有关的专业研究需要启动,作为高等教育自然有必要回应这样的明确需求。

其次,这个时期国内广告人才在专业水平上的不足日益暴露出来,广告从业人员对于提升业务水平表现出强烈的需求。当时的专业信息交流场面都异常火爆,如 1982 年 2 月 21 日,中广协组织的第一届全国广告装潢设计展

览在中国美术馆举办，随后又陆续在六个城市巡回展出，历时近一年。中国对外经济贸易广告协会（后更名为"中国商务广告协会"）下属的中国对外贸易广告摄影学会在1981年8月筹备了"国外广告摄影观摩展"，先后在九个城市举办，大受欢迎。[①]1980年，日本电通派出六位资深广告专家在北京举办讲座，这是中国改革开放后最全面、最系统的一次现代广告基础理论与实务的讲座，第一次引入的 Marketing 理论所引发的震撼难以想象。[②]1981年，《中国广告》作为国内的第一本专业广告杂志创刊，受到热捧；唐忠朴1981年出版的专业书籍《实用广告学》[③]，第一版印刷了2万册，很快就销售一空，出版社又紧急加印了3万册。[④]这个时期的学术讲座、专业期刊、书籍逐渐向从业人员呈现了广告知识特有的系统性和专业性，也就是在证明专业教育出现的必然性。

虽然广告业对于专业研究和专业教育的呼声非常高，但要想在高等教育体系内安身立命，广告学必然需要一个合理的学科归属。市场学和传播学作为广告学的两大学理支撑，在这个时期先后出现、"再现"，为中国广告教育的诞生提供了直接的催化剂。1979年，暨南大学何永祺率先开设市场营销学课程，大受欢迎。[⑤]1981年，上海对外经济贸易大学的章汝奭、黄燕，北京对外经济贸易大学的罗真崇三人先后在大学课堂上开讲市场学的营销课。[⑥]1981年7月，香港中文大学工商管理学院院长、市场与国际企业学系主任闵建蜀教授应中国人民银行总行的邀请到西安陕西财经学院讲授市场学，系统地介绍了国外市场学的内容，同时还介绍了市场学的教学方法。[⑦]1981年，北京财贸学院成立北京财贸学院工商行政管理系，设置了广告管理等专

---

① 姜弘.广告人生［M］.北京：中信出版社，2012：90、106-110.
② 姜弘.广告人生［M］.北京：中信出版社，2012：90、106-110.
③ 参见唐忠朴.实用广告学［M］.北京：工商出版社，1981.
④ 中国营销的启蒙书籍［J］.现代营销，2004（9）38-39.
⑤ 中国营销的教育启蒙——有中国特色的观念转移［J］.成功营销，2004（9）32-33.
⑥ 刘英华.知行道理辨章学术：中国当代广告教育与学术研究三十年回眸［J］.现代传播，2009（4）.
⑦ 文启湘.陕西财院举办市场学师资讲习班［J］.经济学动态，1981（10）：58.

业课程，并组织编写了《广告管理》教材。① 与此同时，1978年传播学在中国掀起第二次引进热潮，其重要标志是1982年5月美国著名传播学者威尔伯·施拉姆的访华讲学，传播学正式进入我国学界视野。传播学的引入，改变了以往新闻学过度偏重意识形态的特征，学科范畴和学科体系也开始效仿国外建设，这使得全国的新闻传播学专业进入了一个良好的发展期，商业性质鲜明、市场需求明显的广告学也得以在传播学中获得学科归属。

二、1983—1991年：对接业界需求的专业道路探索

1983年，厦门大学设立了内地第一个广告学专业，开启了中国广告教育的发展进程。1988年北京广播学院（现中国传媒大学）创办了国内的第二个广告专业。从此，中国广告教育开始了专业道路的探索。与诞生背景具有一致性的是，其专业道路建立在对广告行业诸多需求的回应的基础上，即与政府管理部门、业界、专业出版，乃至广告主之间形成了资源交换、协作联动、互促发展的合作关系、关联关系，并依此获得了相关资源和支持。在一穷二白、资源匮乏的发展初期，这是其得以快速发展的关键所在，这也使得广告学专业这样的应用类学科呈现出与之前的基础类学科迥异的发展轨迹。

首先，在课程规划上广告学直接按照广告专业的作业流程培养广告专业人才，以保证学生从业后能够迅速适应市场要求。一片空白中的学科发展之初，通过调查、交流等方式了解专业人才的需求，是当时中国广告教育不同于以往高等教育人才培养思路的一个前提。当时，"广告策划"是国内外广告行业流行的实务理论和操作思路，围绕广告策划进行课程设置，涵盖广告操作的主要流程，是当时中国广告教育的共识。但是由于高校师资不足且能力有限，当时的高校纷纷引入业界人士来校授课，以解燃眉之急。从1989年开始，中国传媒大学广告学专业不定期邀请广告业界人士来校讲课，不仅有日

---

① 老勾.生命从早晨开始——写在广告学系成立之际//北京广播学院40年[M].北京广播学院出版社，1994：34-35.

本的野田庆人、美国的罗真、中国台湾的颜伯勤、黄深勋，还有众多国内广告人，如刘瑾茹、刘瑞武、邹金玉、姜弘等。这表明业界与教育界在专业人才培育、联手推动行业进步上具有深度共识。这样的课程合作，对于当时专业积累不足的教师团队同样是意义重大的培训过程，业界和学界更是在课程交流中加深了彼此的连接。①

其次，这个时期广告学专业的学术研究开始展开。专业期刊如《国际广告》（1985年）、《广告人》（1989年）陆续创刊，协同《中国广告》，为专业研究提供重要发表平台。这个时期的特征是高校内研究力量薄弱，业界人士在专业知识传播领域非常活跃，两者之间出现了研究领域的分野。广告人在广告实务操作和实务理论方面介入度较高，如就职于上海轻工业局的唐仁承撰写的十余篇品牌建设和广告实战案例剖析连续在《中国广告》上发表；1989年唐仁承撰写的《广告策划》出版。与此同时，来自高教界的学者纷纷对消费者、广告内容、广告效果进行了实证研究尝试，开始从专业学理的角度去思考行业问题。20世纪80年代后，应用科学研究方法逐渐成为学术界的共识②，来自广告教育界的学者由于受过系统研究训练，将各类研究方法纷纷应用到实际研究中，如马谋超、丁俊杰、黄升民、俞振伟、黄合水等。但是，其中过于学院派的研究并没有得到业界足够的回应。比较而言，普及专业知识、探讨广告作业、业界发展的研究获得的认可度更高，其中一个原因是，业界最为迫切需求的是基础专业知识的普及。此后，学界与业界需求紧密对应的研究也就迅速增加。这样的状况非常深刻地影响了此后中国广告学术研究的发展路径，业界对于广告研究的引导效果也由此可见。

此外，资源匮乏是当时中国广告教育的共同困境。由于国家尚处在改革开放之初，对于新兴专业的支持非常有限，利用专业研究能力与业界进行资源交换，获得资金、师生锻炼机会、课程案例和研究素材，是当时广告学专业创办者的唯一出路。1988年和1989年，北京广播学院（现中国传媒大学）

---

① 陈刚，祝帅. 批判中建构与发展——中国当代广告学术发展四十年回顾与反思（1979—2018）[J]. 广告研究，2018（4）.
② 马谋超. 消费心理与决策[J]. 管理世界，1985（6）.

广告教研室先后与日本山本武利教授合作调查中国市场，1991年师生共同执行"关于计算机产业的报纸广告调查"，所获资源都用来编撰教材、购置设备和扩充课程。这样的自谋出路，与当时改革开放的自力更生、"摸着石头过河"的精神是相呼应的。可以发现，这样的发展道路中对于中国广告教育而言，发挥"功用性"是其自谋出路的必然选择；而一个学科借此发挥出非常巨大的知识效力，是其积累和证明自身价值的关键所在。当然，自谋出路所锻炼出来的自主性、主动性，在其日后的发展中发挥着不可估量的作用。此后多年，中国广告教育一直都有着非常顽强的自我探索的精神以及非常旺盛的生命力。

三、1992—1998年：深植业界需求的权威性打造

从1992年开始，中国市场经济进入快车道，1992年国务院发布的《关于加快发展第三产业的决定》，对于中国广告业和广告教育而言是重要的利好消息。同时，在"科教兴国"思路下的高校扩招潮中，广告学专业开办的数量在全国迅速增加，仅1992年，创办广告专业的高校就有南昌大学、四川大学、浙江广播电视大学等，1993年开办广告专业的高校有上海大学、武汉大学等，1994年创办广告专业的大学有暨南大学、吉林大学、兰州大学等，1995年复旦大学开办广告专业。这一时期开办广告专业的院校总共达到90所左右。随着人才培养层次升级、主导专业研究，以及参与行业管理部门的广告人才标准化等工作的展开，中国广告教育的权威性得到明确认可。

这个阶段，中国广告教育输出的人才在市场上得到的认可，广告业快速发展所激发的对于高端广告人才的迫切渴求，以及其一系列研究成果的积累，促使中国广告教育在高教体系中得到进一步的认可，开始获得培养高端人才的资格。1993年中国传媒大学招收第一届广告硕士研究生，1994年厦门大学开始招收广告学专业硕士研究生。应该说，没有外部对于其"功用性"的认可，也就没有与之相应的人才培养体系的提升。

其次，在专业研究领域，中国广告学人开始发挥主导作用，除了在理论

层面引入专业理论，阐释专业理论之外，中国广告学界对于业界问题的积极回应，使得它开始获得越来越多的业界认可。一方面，广告学界与广告业界之间形成了一种融洽的关联关系，即广告学人深度思考行业问题，维护行业合理秩序，借助其专业性批判各种不良现象，维护从业者和相关企业的合法权益，在众多横向课题合作中协助业界解决各类现实问题；另一方面，广告学界借此获得专业研究阵地，并且依托相关研究项目获取发展资源。2001年，中国广告学界第一次回应行业热点，是因为"2%问题"[①]，对广告市场秩序进行了明确的维护。此外，对于海内外的流程实务理论，广告学界也积极地不断引进，如张武、靳俊喜、马谋超等陆续介绍CI理论以及应用方式；1996年9月开始，卢泰宏等在《国际广告》上发表介绍整合营销传播的系列文章；为了支持国内企业营销升级，卢泰宏、潘向光、丁俊杰等先后发文推出品牌研究。值得一提的是，1996年，丁俊杰和黄升民提出了媒介产业化理论，这一理论的提出既是对产业深层问题的回应，也是中国广告学专业研究的第一次理论创新。更为意味深长的是，这样的理论创新，是在一系列协助国内媒介组织解决经营发展问题的横向课题的基础上产生的。这表明，中国广告学理论的持续发展，必然要依托对中国广告业发展问题的深度剖析，然后再进行理论化提升才有可能获得突破；这也表明当时中国广告学术研究能够得到的最为直接的支持，就来自广告业界。

更具有标志性意义的是，这个时期中国广告教育中的专业教育力量参与了广告业专业人才培养标准的制定以及相关培训教材的编撰，并发挥了关键作用。为了促进行业人才水平的提升，当时国家工商行政管理局开始筹备建立广告专业技术资格认证制度，从1991年全国统一实行"广告业务员证制度"。1993年，在"广告专业技术岗位资格培训"工程中，以中国传媒大学广告学系为代表的高等院校负责培训教材编撰、电视教学片主创等工作。这表明，中国广告教育的专业性是行业发展所必然需要的部分，而其多年的积累，

---

① "2%问题"指2005年5月有关部门制定的企业所得税税前扣除办法规定："企业 每年用于广告的费用最多为其销售额的2%，超过部分只能向以后的纳税年度分摊结转。"张武.CI大潮与导入中国[J].国际广告，1994（1）.

也使得其在专业教育领域得到了行业管理部门的认可,在行业中拥有了更具权威性的话语权。

这个时期,来自外部的资源和力量对于中国广告教育的教学实践和教育人才培养的作用非常明显。如深圳大学广告系从1997年开始取消本科毕业论文,要求学生组队面向企业进行项目合作,毕业答辩公开进行,由教师、媒体和广告公司共同组成评审委员会。这是让学生直接对接行业的实训,所引入的业界评价机制也是为了培养学生的实战能力和行业适应能力。基于此,业界与教学实践紧密联结。1996年9月,日本电通公司在中国国家教育委员会的协助下,与北京大学、中国人民大学、北京广播学院(现中国传媒大学)、中央工艺美术学院(现清华大学美术学院)、复旦大学、上海大学六所大学合作,启动为期五年的"中日广告交流项目",这是外国广告公司支持中国广告教育的重要案例。该项目旨在通过广告教育方面的交流促进中日两国的文化交流。具体包括两项活动:一是在六所大学举办"电通广告讲座",日本电通公司派出精英团队,将专业积累和新鲜案例迅速传达给专业教师和学生;二是建立"电通留学研修制度",即邀请这六所大学的年轻教师前往东京的电通公司总部进行广告研修。从1996年到2016年,该项目的受益者覆盖了数百所大学,获益教师达2 000人次,学生达12 000人次。该项目为国内广告教育人才的培养作出了巨大的贡献。

这一阶段的发展,证明了中国广告教育的持续攀升,主要得益于其依靠专业研究能力和专业教育经验,深入了解行业发展状况,积极回应行业需求的举措。如此才使其迅速融入广告业的发展洪流中,并伴随着行业的迅猛发展,在业界获得了广泛认可和强大支持。在这个过程中,中国广告教育的发展动力体系开始日渐清晰,依靠专业性与行业进行资源交换、动力交换;这是一种互利互惠、互促互动的发展模式。这也是中国广告学专业教育"功用性"的持续正名。

四、1999—2009 年：发展动力体系的深化与不足

这一时期，随着中国加入全球化经济体系中，人才需求进一步加大，高校扩招成为一个新的趋势。与此同时，中国广告业进入了结构化发展时期，对于优质人才的争夺更为激烈。这样的背景，使得1999年以后我国的广告专业高等教育进入扩张期，越来越多的高校开办广告专业。截至2005年，1999年之后开设广告本科专业的高校占所有高校的68.9%，与1993年至1998年开设广告本科专业的高校所占比例的26.2%相比，增长率高达163%。截至2004年，全国共有111所高等学校开办广告学专业，其中教育部直属高校25所、部委高校4所、省属高校79所、民办高校3所。[①] 大干快上的热潮中，中国广告教育继续依赖已然成形的发展动力体系来继续提升专业性、权威性，但是在"功用性"主导的持续发展中，广告专业在某些领域的明显不足，开始成为一种重要的现象。

首先，与行业互促互动的发展模式持续推动广告学专业在学科建设上迅猛发展。1999年以后，中国广告教育进入扩张期，随着其在学科建设、学术研究方面的积累以及在行业内部影响力的扩大，中国广告教育的学科认可度继续提升。2003年，中国传媒大学首先获得招收广告学专业博士生的资格，同年，武汉大学开始招收广告学专业博士生，之后，厦门大学等十多所高校先后获得资格。这标志着广告学专业在传播学学科体系中获得全面认可，人才培养体系建构完成。在学生实训方面，基于多年的合作和连接，中国广告教育与广告业内的行业社团、广告公司、媒介组织、专业期刊等之间的关系日渐融洽，促成了这个阶段实训项目的大发展。1999年9月厦门大学新闻传播系承办了"首届中国广告协会学院奖"；2001年中国传媒大学与中国台湾《中国时报》合作推进中国广告"金犊奖"，2005年与中国教育学会开始承办"全国大学生广告艺术大赛"，截至2018年已经成功举办了10届，先后与100余家企业进行命题合作，吸引

---

① 资料来源于对中国人民大学王树良老师的访谈。

了全国1300多所高校参与其中。大量的实训项目激发了广大学子的专业学习热情，而实训项目则成为国内高校间教学竞争的一个部分。

其次，基于互动互促的模式，在专业研究领域内，中国广告教育已经拥有非常成熟的研究体系。一方面，广告实务研究、广告历史研究、广告文化研究三大领域都形成了一定的规模。一大批研究团队和研究学者成长起来，并在各自的专项领域深入研究，有了系列化、深入化的研究成果，在相关研究中拥有绝对的权威性。其中，实务研究范畴最为突出，所占比例最高，形成了产业定位和产业转型、行业年度研究报告、广告实务流程主题系列研究（如媒介研究、广告主研究、消费者研究、公益广告研究等）；在实务理论研究方面，既有国外理论的引介和阐释，也有外来理论的本土化研究。这个时期的广告历史研究开始走热，这也是中国广告学术体系日渐完善的一个表征。当然，广告史研究是一个多维的研究视角，在学科训导、中西方学术交流，以及广告产业关联方面，它都能够兼顾。这一阶段既有多主题、多阶段划分的广告史研究，也出现了丰富的广告学术史研究。

但是，专业研究中也表现出了非常明显的不足之处，主要体现在广告文化研究方面，研究总体比较薄弱、数量较少，虽然研究也形成了基本的格局，既有对多种文化要素的解析和批评，也有对深层原因的洞悉，但是，研究水准既无法与广告实务研究、广告历史研究相比，也无法与国外广告文化研究相比。作为一个独立学科，文化研究尤其是广告批判研究，是其重要的学理构成，也是专业学术研究独立性的标志，在相当程度上决定着其在社会学科体系内的权威性和影响力。加之这一阶段的专业研究范畴并没有延续以往的学理创建，其学理性的不足在中国整体学术水平迅速提高的背景下显得尤为明显，这对于一个学科的持续成长而言意味着非常大的困境。当然，这是中国广告教育的"功用性"特征的一个必然结果：过于强调实用性，过于关注行业现实，而忽略了对学理性和批判性的强化。随着学科竞争和学术竞争的加剧，对这一不足的弥补便成为其学科地位持续提高的关键所在。当然，为何来自"学术训导"的力量在其动力体系中没有发挥更大的效能，是一个值得思考的问题。

五、2010 年至今（2019）：数字化裂变的失效与重构

2010 年，传统的营销行业的壁垒全面消融，新的产业链条和产业形态已经成形。经济主题巨变，急需品牌战略升级、营销传播升级，这也成为数字营销行业的使命所在。中国的高等教育则要担当国家转型的智力支持，"双一流"的发展战略和深化产教融合的思路，既赋予了高等教育更高层次的要求，也赋予了其重要的发展空间。与此同时，高等教育之间的国际化竞争也日渐激烈。对于中国广告教育而言，历经近 30 年形成的"功用性"发展模式已经部分失效，中国广告教育需要在新的时代浪潮中配合国家战略以及产业需求调整方向，探索新的发展模式。

首先，中国广告教育需要为数字营销产业培养专业人才，这就要求脱胎于市场学和传播学的中国广告教育从学科根基处重新找寻其合理性、专业性。不少高校在学科融合的基础上进行专业创建，如上海交通大学在电子信息工程和新闻传播学基础上进行网络与新媒体专业的建设；华中科技大学在文工交叉应用的基础上建设新媒体专业。中国广告教育中原有的广告学专业也纷纷开始数字化探索，如 2010 年中国传媒大学广告学院率先创办了网络与新媒体专业；中国人民大学广告学专业在"创意传播管理"的理论指导下，与艺术学院合作开设创意传播课程[①]，北京大学新闻与传播学院广告学系将合作企业的大数据广告平台和智能化创意工具直接引入课堂。[②] 此外，中国广告学术研究也在积极向着数字化的方向延展。如中国传媒大学广告学院于 2011 年成立了新媒体研究院，2016 年成立了内容银行重点实验室，承担了多项国家科

---

① 资料来源于对北京大学新闻传播学院陈刚的访谈。
② 在 1994 年至 2017 年全国哲学社会科学规划办公室官网的国家社科基金项目数据库的立项项目中，广告相关的立项项目的主题大致有广告伦理与监管、广告效果、广告史、广告产业、新媒体广告等。其中，广告伦理与监管、广告效果和广告史三个主题占比最大，分别为 28.8%、22% 和 18.6%，三项合计占立项总量的 69.4%。广告产业、新媒体广告、广告表现、广告战略等方面的项目，均占比不超过 10%。参见赵新利，宫效喆. 从国家社科基金立项项目看广告学术研究热点 [J]. 广告大观（理论版），2018（6）.

技支撑计划课题。北京大学于2007年成立了新媒体营销传播研究中心，以推动相关领域的专业问题研究与传播。但是，若要实现突破性的超越，这样的思路还略显保守。目前，全球学术界几乎都在同步探索数字营销理论，中国数字经济的快速发展赋予了中国广告学术研究非常难得的机会，如何先人一步，是一个需要系统化思考的问题。

中国广告教育的"功用性"特征如何在现有的学术体系内获得进一步认可的问题日渐凸显。2010年教育部进行新一轮学科规划调整，广告学由三级学科上升为二级学科。但是学科地位的提升，并不意味着其实际地位的对等。一方面，学术成果发表平台的局限，使得应用类研究论文发表阻力较大，且国内的广告学术期刊级别较低；另一方面，广告学者所能够申请的社科项目从主题到整体数量都非常有限[①]，应用研究突出的特征无法施展。对于中国广告教育而言，实现"阶层攀升"是一个关系重大而广泛的现实问题。

对于今时今日的中国广告教育而言，除了延续以往的可持续发展模式之外，如2019年上海大学新闻传播学院与上海剧星传媒股份有限公司成立上海大学·剧星传媒互联网广告研究院；也有尝试在政产学研模式中进行行业战略层面的深度介入，如2010年经国家工商行政管理总局批准，全国公益广告创新研究基地在中国传媒大学揭牌，2011年国家广告研究院在国家工商行政管理总局的指导下于中国传媒大学成立，并推出了一系列具有行业战略高度的研究成果[②]。这既是其过往权威性、专业性的积累所致，也是其在新的历史时期尝试突破的重要探索。

六、结语

纵观中国广告教育发展的40年，可以发现在其"功用性"建构、局部失效和重建的过程中隐藏着非常丰富的历史真相，在其所充当的"知识服务装

---

① 汉威士集团（Havas Group）携手上海大学新闻传播学院打造海外奖学金计划[EB/OL]. (2019-04-26)[2019-06-15]. https://www.adquan.com/post-7-229202.html.
② 韩延明. 大学理念论纲[M]. 北京：人民教育出版社，2003：37.

置"的概念之下,其与政府管理部门、学术体系、行业角色、学术社团以及专业出版机构等在互联合作中形成了深厚的联结,在彼此之间建构了无数条信息管道和庞杂的循环系统,相互交换着万千资讯,彼此吐纳大量的资源和能量,在若干无法细致描述的交流、交换中,形成了一个无形的循环往复的发展场域和无尽无休的动力空间。正是在这样的发展场域和动力空间中,中国广告学学科的建设方向才得以明确并完成建设。中国广告教育的今天是一个集体协作的杰作。当然,纵观国际高等教育的发展态势,我们会发现其实中国广告教育的"功用性"拓展还远远不够。如何能在新的时代背景下,在更高的层面上紧密关联国家战略、行业趋势,创造出体系化、平台化、实体化的协作式发展甚至"高校区域经济",建设出一个类似40年间以中国广告教育为中心的发展场域的超越升级版,并依托这样的场域构建出高水准的人才培养体系和学理体系,是需要我们继续探索的问题。

值得强调的是,目前中国广告教育发展中的不足,非常值得重视和反思。"功用性"是支撑中国广告教育发展的重要根基,但是,如何规避过于功利化所带来的不足和缺陷,是一个亟须回答的问题。毕竟,"大学应不断通过开设新的学科、专业和课程引导社会发展,但又不可一味迎合社会暂时、短期的需要而牺牲自己的独立性、学术性和创造性。因为大学归根结底是通过学术与人才这些高价值的'产品'来影响、引导和推进社会发展的"。[1] 当然,这个思考不能仅仅流于表面,而是需要思考如何在中国广告教育的动力体系中纳入相应的引导力量和资源,使得"学术训导"在其发展中发挥更大的影响力,使其"功用性"真正得到"人文性"的补充,适当强调知识本位,尤其强化在学理发展领域和文化批评领域的学术发展,以使中国广告教育未来的发展更为稳健。

---

[1] 韩延明.大学理念论纲[M].北京:人民教育出版社,2003:37.

产教融合：广告教育的综合实践教学模式探析*

2017年国务院印发了《关于深化产教融合的若干意见》，对深化产教融合作出制度性的安排，强调构建教育和产业统筹融合发展格局。中国广告教育的兴起、发展深深根植于中国广告产业的实践沃土，并具有天然的应用性学科基因。产教融合与中国广告教育的发展规律高度契合，其在推进过程中，以广告产业实践为依托，有效对接高校的人才供给与业界的市场需求。本文以如何通过产教融合积极推进中国广告教育发展为问题导向，选取全国大学生广告艺术大赛为案例进行全面分析，以探寻提升中国广告人才培养质量的优化路径。

一、实践性学科竞赛是广告教育产教融合的优质模式

从根本上看，与业界需求的对接是中国广告教育发展起步并取得巨大成就的重要动力。亨利·埃茨科维等学者于20世纪末提出了创新研究的三螺旋模型，用以解释高校、产业和政府三者间在知识经济时代的新关系。中国广告教育发展的动力机制与其基本吻合，政府、高校和企业三者共同建构了"产业导向"鲜明的知识生产场域，其中业界一直是重要推动者。中国广告教

---

* 本文原刊登于《中国高等教育》2022年第6期，作者丁俊杰、刘甜甜，收入本书时略有删改。

育围绕市场需求，与学界和业界积极对接、磨合并共融、共创、共生，探索出了一种适合中国广告教育的发展模式——产教融合。在政府的支持下，将广告产业和广告教育、企业和学校、实践和理论相融合，通过在实践中学习、在学习中实践的方式，培养既满足行业需求又懂广告专业规律的人才。经过长时间、大量的实践探索和检验，我们发现实践性学科竞赛是广告教育产教融合的优质模式，可以积极赋能广告教育的发展。

中国广告教育的实践性学科竞赛，因在大学、产业、政府三者之间所处的地位不同、拥有的权利不同而展现出不同的特点。目前，在全国范围内较有影响力的广告学科竞赛有金犊奖、中国大学生广告艺术节学院奖（以下简称：学院奖）和全国大学生广告艺术大赛（以下简称：大广赛）。其中，大广赛是全国规模最大、覆盖高等院校最广、参与师生人数最多、作品水准最高的一项国家级大学生赛事。从 2005 年首届举办至今（2019），已举办了 13 届共 14 次赛事，全国共有 1679 所高校参与其中，超过百万学生提交作品，形成了具有稳定性、成熟性和规模性的大学生教学实践平台，其优秀的产教融合经验值得我们借鉴、学习。

二、广告教育产教融合中需要解决的问题

随着经济结构的深化调整以及产业转型升级，我国高等教育的结构性矛盾逐步凸显出来，高校人才供给与产业人才需求的"脱节"问题也显现出来。因此，迫切要求大学推进教学改革，创新人才培养模式，引入更多社会力量，搭建综合性的实践性教学平台，提高人才培养的创新性和实践性。

1. 学界与业界要更加有效对接

学界和业界合作是产教融合的重要内容和主要形式，但是目前校企合作多处于浅层次。因为所拥有的资源、代表利益的不同，政府、高校、企业在产教融合的合作过程中，三者利益交错、权力交织，时常出现不能有效对接的现象。政府往往忽视产教政策对高校、产业需要的回应性，一些政策较为教条、僵化；高校的人才供给大部分停留在为企业输送基础劳动力的层面，缺少创新

型、实践型人才的有效供给；企业因其经济特性，注重投资回报比，强调利益最大化，对一些前期投入大、后期回报未知的合作项目缺少参与热情。但一些高水平企业所拥有的技术资源、信息资源等知识资源均优于高校，浅层次的产教融合项目难以满足它们合作的初衷，这无形中减弱了其参与意向。

2. 要改变教学理念相对滞后的现象

在产教融合的推进过程中，高校传统的教学理念只注重学科理论、概论的知识传授，忽视了教学实践、项目实施和专业实习等的实践教学。广告专业的教育理念需要密切关注广告业界的发展动态，同时又要适度超越行业发展，基于行业需求、学科特性进行独立发展。现有产教融合模式，培养目标多是为了契合市场需求，在教学的顶层设计上，缺少以服务教学为目的的实践类学科竞赛。

3. 要优化师资队伍结构

师资队伍建设是提高人才培养质量的重中之重，但囿于高校的人事体制、考核机制、激励机制等限制，导致产教融合中业界师资力量长期不足，师资队伍仍以高校专业老师为主，业界和学界之间缺少相关的人才流动。作为一个智力服务型行业，广告行业的快速变化，亟须广告专业教师与时俱进地更新、完善自身的知识结构，以满足社会需求的变化。

三、广告教育产教融合的优化路径

为推进高校教学改革，培养出能满足社会需求的人才，切实提高大学生的实践和创新能力，大广赛倡导政府、高校和企业协同育人，集合多方优势资源，逐步构建了以高校为主导的"高校—产业—政府"的"三螺旋"广告学术共同体。

1. 搭建实践教学平台，构建学术共同体

实践教学平台是广告人才培养的重要载体，有助于更好地平衡学界和业界之间的人才供求关系。通过搭建实践教学平台，广泛动员企业、广告公司、媒体和政府等相关利益者参与实践活动，促进多方合作交流、协同育人，构建学术共同体，是推进产教融合的有效方式。

大广赛以学界为主要推动者，以业界为主要赞助者，以政府为重要保障者，将人力、财力、物力等资源进行优质整合，集中力量解决广告教育的最大痛点——广告业界和学界的人才需求和供给不配适的问题，从而促进学术共同体的"共生"。大广赛发布的命题涉及食品、饮料、医药和旅游等领域，围绕企业的真实营销项目制定策略单，以学生为主、老师为辅"接单"，结合相关教学内容，真题真做。通过大广赛这一平台，高校、企业和行业得以共通、共融、共生，凭借线上、线下的有效联动，既保证了稳定的市场需求来源，也促进了教育人才供给侧的结构性改革。此外，大广赛也使相关企业文化理念深入大学生群体，并与其产生互动、共鸣，强化了创新创业协同育人的理念。

2. 制定科学顶层设计，精准服务教学

学科竞赛是超出课本范围的、锻炼人智力的一种特殊性考试和竞赛，是大学生创新能力提高的实践性平台，也是产教融合的重要方式。目前我国高等教育相对有影响力的广告专业赛事主要有大广赛、金犊奖和学院奖。大广赛汲取二者办赛的优秀经验，并另辟蹊径，以"服务教学"为出发点，开展由学界主导的学科竞赛，将学科竞赛作为大学教育的"第二课堂"，把"真题真做"的理念融入竞赛的各个环节，使学校的教学实践活动从虚拟命题转为现实命题，从短期的速成活动变为全年度的培养活动。它以学期制的竞赛时间、三级制的竞赛评审为重要落脚点，精准对接企业需求，并使竞赛精准服务教学，从而促进教学改革，提升教学质量。

3. 强化案例教学，制作精美作品集

案例教学是产教融合模式在教学中受到高度重视的教学方法之一，它不仅有助于学生更加了解业界的真实需求、锻炼自身的实践能力，还可以强化师生之间的教学互动。作为应用型学科，广告学在推进自身发展的过程中，

案例教学必不可少。大广赛与案例教学高度契合，它一方面让学生真题真做，强化其实操能力，并增强师生之间的互动；另一方面，历届获奖作品还可以作为优质教学案例，推动案例教学的不断革新、发展。同时，教师可以用大广赛的获奖作品作为教学案例，以问题和目的为导向，在真实的命题场景中，师生共同品鉴案例，深度还原广告作业流程，增强相关理论知识的解释力度。

4. 引入教学"外脑"，强化师资力量

打破学界、业界的人才流动壁垒，建立"双师型"师资队伍，是产教融合的重中之重。快速变革的广告行业倒逼广告教育师资力量的提升，原本较为固化、单一的广告教师力量无法满足迅速变化的行业需求。引入教学"外脑"，为学界注入新鲜、多元的信息，更新、完善师资结构，是大势所趋。构建"双师型"师资队伍，让来自学界和业界的教师共同融入学生的理论和实践学习活动，发挥他们各自的优势，这样做不仅可以夯实学生的基础理论知识，让他们了解业界前沿动态，还可以激发学生的创新实践能力。

四、广告教育产教融合的数字化转向

要想推进产教融合向纵深发展，就需要学界对业界的需求作出积极回应。广告行业的发展和需求一直是广告教育的基石。数字时代的到来引发了广告行业的快速变化，行业格局、竞争主体、作业流程、服务形态等方面都进行了大换血，从而引发了广告教育的支撑土壤、内容需求的重要变化。

1. 创新教育平台：强化校企合作，增加数字化实践

搭建实践教学平台，建立高校、企业和政府等利益相关主体的互动沟通渠道，是推进产教融合发展的有效途径。广告学科的应用性较强，实践教学是广告教育的重中之重。广告业界对数字化人才的需求，使得广告教育的重点得以进一步聚焦——搭建数字化广告实践教学平台，增强学界和业界的交流合作。首先，可以通过举办学科竞赛，设置数字化命题，提高学生的实践

能力。比如，大广赛以企业需求为基点，征集动画类、互动类的广告作品。学生真题真做，以品牌需求为导向，制作动画、短视频、H5 等形式的作品。在此过程中，学生的数字化实践能力得以检验、提升。其次，高校还可以与数字营销企业合作建立实习基地，鼓励学生积极参与相关项目，熟悉数字化广告运作流程，提高学生自身的数字营销传播能力。

2. 更新教学理念：加强文理交叉，培育复合型人才

相较于其他教育活动，在产教融合的教育活动中更加重视"人"的价值，注重培养既有专业知识又懂行业实践的复合型人才。传统的广告教育大多是为广告公司、媒介公司和广告主培养专业的创意、策划、设计等方面的人才，其中又以为广告公司培养策划创意型人才为主。数字时代，广告教育的人才培养，既要立足于广告，又要超越广告，要培养兼具广告专业知识和相关专业技术知识的人才，强化学生的"数字化思维"，推动广告教育的数字化探索，加强跨学科人才培养。其中，要积极应对广告业的数字化转型，注重广告学科与计算机学科的交叉融合。

3. 完善课程体系：推进"内容 + 技术"创新，提高学科的数字化

广告学应该在整体的课程体系设计层面进行改革，以"内容 + 技术"为落脚点，推进广告教育数字化。现有的广告教材内容多以经典广告理论和案例为主，与快速变迁的广告行业相脱节。同时，课本平面化的文字、图片呈现方式，限制了相关信息展现的张力，无形中影响了教学效果。其中，互动类、动画类、视频类的广告案例，仅凭课本的视觉刺激，难以让学生体悟到案例的精髓。为提高广告学科的数据力，一方面，教学内容要加入数据内容，比如数字营销、计算广告学、大数据分析与应用等课程，同时，还要及时关注业界前沿动态，积极与企业进行沟通、合作。例如，北京体育大学新闻与传播学院采用校企共创课程的方式，和央视频、快手签订合作协议，围绕短视频创意、策划、拍摄、运营等方面构建新媒体课程体系。因此，教学方式要多元化，要善用先进技术，优化教学效果。另一方面，要提升学生的数字

化实践能力，为他们提供实践性的体验式课程，让他亲身参与广告的数字化作业流程和服务模式中，深度学习数据的挖掘、处理和分析技巧等，使相关知识更加直观、可感、易懂，从而优化学习效果。

4. 丰富师资力量："走出去+引进来"，打造数据精英智库

学界教师和业界专家的双向流动对推进产教融合的深度发展至关重要，因此打造"双师型"师资团队势在必行。一方面，广告教育从业者需要积极发挥主体作用，大胆"走出去"，不断精进自身在数字化方面的"硬核实力"。教师可以主动到相关的数字营销公司和技术服务公司进行业务实践，了解业界前沿资讯，明晰广告作业流程相关环节的数字化应用，掌握实操性技术，进而拓展自身知识图谱并丰富实践经验。另一方面，高校需要向业界专家、跨学科专家借力，邀请他们走进校园，助力广告教育的产教融合。行业相关专家关于数字技术、数字营销、计算广告等方面的培训和研讨，不仅可以让高校师生了解前沿理论、行业动态、技术应用、实战案例，同时还能通过与高校师生的现场互动、交流，实现双方知识的"互哺"，从而推进整个广告教育生态的良好发展。

参考文献：

［1］沈洁，徐守坤，谢雯. 我国高等教育产教融合政策的逻辑理路、实施困境与路径突破［J］. 高教探索，2021（7）.

［2］刘祥，丁俊杰. 从"而立"到"不惑"：中国广告教育发展的历史考察［J］. 中国广告，2018（10）.

［3］ETZKOWITZ H., LEYDESDORFF L. The Dynamics of Innovation：From National Systems and "Mode 2" to a Triple Helix of University-Industry-Government Relations［J］. Research Policy, vol.29, no.（2）2000, 29（2）

［4］陈培爱. 数字化时代中国广告教育改革的思考［J］. 广告大观（理论版），2011（4）.

中国广告学学科范式发展研究*

一、科学知识社会学与学科范式

罗伯特·库恩（Robert Kuhn）认为科学就是一种社会现象，否认科学是一个纯理性的过程，强调对于科学的研究要纳入一个广阔的社会背景中进行，且需要关注其中诸多元素和诸多关联，如科学家的个人偏好、科学共同体的共识等；与此同时，库恩将科学的认知内容也纳入了研究范畴。罗伯特·库恩的观点推动了建构论的发展。20世纪70年代，彼得·伯格（Peter Berger）和托马斯·卢克曼（Thomas Luckmann）共同提出了知识与社会的相互建构论，强调现代科学知识研究与现代社会现实主观性把握的建构，这也是科学知识社会学的典型观点。

罗伯特·库恩的范式理论也是学科研究的重要理论。"学科"是从discipline翻译而来，其内涵既包括对于知识内容的分类，又包括对人进行的培育；学科内的知识需要依据范式的逻辑结构来规范增长方向，形成自己的体系，增进学科的系统性和严谨性。由此可见，学科具有知识管理和推进知识发展的功能。① 此外，学科也有组织知识劳动的价值。简而言之，在高等教育体系里，大学依托学科来聚集科学家，组织科学家进行知识生产。由此可

---

* 本文原刊登于《现代传播（中国传媒大学学报）》2023年第8期，作者丁俊杰、宋红梅，收入本书时略有删改。
① 宣勇，凌健."学科"考辨［J］.高等教育研究，2006（4）20.

见，知识、学科和科学一样，都是一种社会现象，其形态、发展与社会具有广泛且密切的关联。

知识生产模式理论是探索知识生产的规律性框架，对于知识生产中的诸多社会元素，如社会、产业、政府、高校都给予了充分的关注；这样的研究思路俨然受到了库恩及科学知识社会学、建构论的影响；而对知识生产的动力体系的研究，是通过聚焦与知识生产紧密相关的角色、它们的相互作用的过程而进行的总结。迈克尔·吉本斯（Michael Gibbons）提出的知识生产模型Ⅰ和知识生产模型Ⅱ对不同时期的知识生产方式、角色、合作模式、社会效应等进行了归纳。知识模式与学科、范式之间也存在着密切的联系。有学者结合知识生产模型和学科范式来进行学科发展历史的探究，提出学科是从"经典学科范式"发展到"复杂学科范式"的；方法论则历经了"学科化—多学科—跨学科"的过程。经典学科范式对于学科边界极为重视，非常注重理论体系的严密性，以此作为学科身份的标识。① 经典学科范式与迈克尔·吉本斯提出的知识生产模式Ⅰ相匹配，即知识是为了知识自身而生产，不注重社会效应，知识生产以制度化的单一学科为基础。② 经典学科范式有助于快速建立学科体系，促进知识的专业化，对于知识的理论化和规范化也具有积极作用。但是，这种知识范式将知识生产限定在自己的学科围墙之内，容易导致知识的生产和应用脱离社会需求，走向僵化和"阁楼化"，也会导致学科之间的隔绝。

比较而言，兴起于20世纪80年代的复杂学科范式与之背道而驰，它被誉为"21世纪的科学"。复杂学科范式更注重知识的实践价值，具体做法是：通过多学科交叉、渗透和融贯来建构鼓励创新的合作机制，并重视提高知识

---

① 汤晓蒙，刘晖. 从"多学科"研究走向"跨学科"研究——高等教育学科的方法论转向［J］.教育研究，2014（12）27.
② 马廷奇，许晶艳. 知识生产模式转型与学科建设模式创新［J］. 研究生教育研究，2019（2）66.

的应用效果，尤其重视对于区域产业、区域经济的直接推动作用[①]；它提倡动态、开放的研究对象，和多学科、跨学科的方法论，明确提出知识体系应该抛弃单向度的线性形态，而朝着球形的、多向度的形态发展[②]。这种复杂学科范式与知识生产模式Ⅱ之间颇为默契。知识生产模式Ⅱ倡导在知识发展中突破传统的过于"精英化"且沉迷于自身体系的学科思路，倡导知识发展围绕具体的实践问题而展开，通过组建"大学—政府—产业"的"三重螺旋"来解决产业、经济和社会的共同需求，协同组织多方资源以共同推进知识的生产，并主张将知识充分应用于实践中，从而迅速实现知识的价值。

美国、英国、韩国、日本、新加坡等国家已经有非常成熟且成功的"高校—企业—政府"协同创新式区域经济与之相呼应。具体做法是：通过打造多主体的开放式创新网络，以资源共享和合作创新的方式来构建相互依存、互相支撑的上下游配套的区域"知识—产业"关系。[③] 以波士顿为例，它被称为是美国的"基因城"，一直与硅谷在高新科技创新方面是对手，二者都被称为"锚定加"（anchor plus）创新模式的代表，也就是两者都依托一个锚机构来带动区域创新和发展，锚机构通常为高校、研究机构以及超大型企业。具体来说，硅谷依托斯坦福大学，借助半导体优势发展小型计算机；而波士顿则依托麻省理工学院和哈佛大学同样发展小型计算机，进军企业用户领域，且一度领先于硅谷。但是，随着硅谷的迅速崛起，波士顿转而侧重生命科学领域，形成了以MIT为核心的"洋葱圈"式的创新结构。依托高校和科研单位的知识创新能力，通过组织政府、高校科研机构、风投机构、企业等共同组建知识协同创新联盟，来提供政策资源、金融支持、产业资源等，从而形成知识驱动型的区域创新模式和区域经济发展模式，其核心在于将知识生产需求、知识生产创新、知识价值转化等环节紧密结合在一起，实现知识生产

---

① 王胜兰.我国高等教育学研究方法论的演进与路向——从学科范式转移的角度［J］.现代教育论丛，2019（5）55.
② 刘小强.学科建设：元视角的考察——关于高等教育学学科建设的反思［M］.广州：广东高等教育出版社，2011：99.
③ 廖明中，胡彧彬.国际科技创新中心的演进特征及启示［M］.城市观察，2019（3）119.

效率和效能的最大化。

　　类似尝试在若干国家和地区都获得了成功。这是将知识的生产和应用系统性地植入了社会经济发展体系中。这种探索给经典学科范式造成了非常猛烈的冲击，标志着学科与产业的协同关系进入到了一个较为深入"交互型"的时期，基于价值共创和深度嵌入，共同实现了知识生产的高效和深入转化，从而实现了知识生产、优化学科与区域产业发展的多重效应①。由此可见，高等教育、学科发展与产业、区域经济的深化融合势不可挡。当然，复杂范式和知识生产模式Ⅱ也受到了不少批判，如功用化特色过强，对于系统性知识和理论高度不够重视等。

　　回顾改革开放以来的中国高等教育发展历史，我们会发现，经典学科范式和复杂学科范式都有所发展，但是经典学科范式一直拥有较大的话语权，这与我们的高等教育的价值偏好密切相关，即更为注重学科知识的独立性和"纯洁性"，即遵循严谨的学术规范，重视学术高度，与现实保持距离，避免丧失批判性和审视能力。复杂学科范式主要存在于应用类学科，但这类学科在我国高教体系内得到的评价总体不高，虽然若干应用类学科在相关行业发展、社会进步中发挥着极为充分而具体的作用。近年来，随着社会形态和经济格局的变化，经典学科范式显现出了明显的乏力；"双一流"等要求的提出，标志着中国高等教育需要找寻更为强劲的发展模式和高维路径，以配合当下国家发展主题的转变。近年来，对"政产学研用"、知识生产模式Ⅱ和知识生产模式Ⅲ等的研究开始增多，但是对于机制设计和实施路径的研究较为有限，尤其关于如何构建其内核、机制、动力体系等，还没有足够的深入讨论。

　　1968年，彼得·德鲁克（Peter F. Drucker）在《不连续时代》（*The Age of Discontinuity*）中明确提出，知识生产力已成为重要资源，世界经济发展模式确实开始从传统的要素驱动、效率驱动向创新驱动方向发展。知识作为创新

---

① 李玉栋，沈红. 从交易型到交互型：学科与产业协同的范式变革[J]. 高教探索，2018（10）17.

的核心，势必日渐向国家战略资源转型。在这种趋势下，高等教育不能囿于传统思路，要以知识作为核心和基点来思考未来方向，尤其要强化其资源性价值和战略性价值，并强化知识与经济、产业的连接性设计。基于此，各学科同样要进行这样的思路转化，基于知识经济、知识价值和经济发展需求来明确自己的核心资源和优势所在。只有积极探索数字时代知识版图中的学科发展范式，才能构建出前景良好的发展道路。

二、"经典"与"复杂"交织：中国广告学科范式的历史回顾

罗伯特·库恩对科学范式的发展过程进行了阶段划分，具体分为前科学、常规科学、危机、科学革命、新的常规科学五个阶段。前科学是指学科体系还不成熟，还没有形成系统理论的阶段。进入常规科学阶段的标志，就是当一门科学有了自己的系统理论，在这个阶段，科学家团体在范式的管理下进行方向明确的知识生产。在常规科学阶段，范式具有非常强大的权威性，但由于范式必然具有局限性，难以穷尽地阐释一切，在实际的科学研究中，就会出现一些与范式相违背的状况。随着科学的发展，这种超越范式解释能力的情况会日益增多，最终导致"危机"的到来，即范式的合法性受到严重质疑。这也会吸引一些科学家去探寻新的范式，并提出新的范式思路。科学革命由此产生。科学革命实际上会激发范式在方方面面都产生深刻的变革，无论是理论体系、研究规则，还是研究方法和哲学观点。[①]

这样的学科范式发展历程，与中国广告学的发展历史有明显的对应。20世纪80年代可以被称为中国广告学的前学科时代。广告学之所以能够在高等教育体系中出现，一方面源于改革开放之后传播学的发展，另一方面则源于广告业迅猛发展所提出的人才培养要求。基于当时的社会发展需求，传播学在这一阶段非常强调信息的经济价值和社会功能，这对于传统的新闻观形成

---

① 娄玉芹.库恩的科学革命模式述评［J］.河南教育学院学报（哲学社会科学版），1995（1）69.

了巨大的冲击，若干传媒产业经营发展的研究得以展开，应该说传播学在20世纪80年代也显现出了非常强烈的"应用"色彩。① 因此，中国广告学成为当时新闻系、传播系轰轰烈烈的建设中颇受关注的专业之一，从而在高等教育系统中获得了合法身份。受到传播学初期发展的影响，以及来自广告行业最为迫切的知识需求，这个时期广告学的课程体系、人才培养方向、学术知识生产都显现出了极为鲜明的功用性导向，也就是以当时广告行业的人才需求方向和知识需求方向为依据来发展。这既为广告学的知识生产找到了一个良好的行业支持基础，也使得它所生产的知识可以迅速转化为行业支持力量。基于这样的知识积累，广告学开始尝试构建自己的知识体系的雏形，逐渐探索学科知识框架和方法论。由于当时学界的广告人才极为匮乏，这个时期的学科知识生产以业界广告人员为主，数量有限，并没有形成稳定、有效的知识共同体。但知识生产者之间达成了共识，即服务广告行业，着重普及专业知识；这个时期的广告学理论都是舶来品，多为广告实务理论。这个阶段广告学的前科学特征非常明显。

进入20世纪90年代，广告学的发展进入了一个"常规科学"发展阶段，即开始有了自己稳定的复杂学科范式，逐渐形成了一套非常稳固的、功用性极强的知识生产体系，且开始构建自己的知识细分体系，在1996年诞生了本土广告理论——媒介产业化。这个时期的广告学知识生产开始以学界人才为主，已经有了一个稳定的学术共同体和知识生产支持体系。中国广告学和广告公司、广告行业协会、广告管理部门、媒介组织、数据公司、行业期刊共同组建为知识共同体，秉持推动广告行业迅猛发展、服务社会主义经济建设的价值导向，协同进行广告知识生产。具体的知识生产、知识应用、知识交流所涉范围较广，涵盖科研项目、课程建设、学生培养、理论研究和史学研究等。具体的知识生产机制和知识应用机制表现为：高校之外的各类经营性单位、管理部门等出资，支持高等院校进行专项知识生产和知识服务，所产出的知识一方面满足企业和行业的发展需求，另一方面则由高校将其转化为

---

① 王怡红.传播学发展30年历史阶段考察［J］.新闻与传播研究，2009（10）10.

课程资源、研究资源，甚至上升为专项理论。其中所秉持的方法论已经呈现出了跨学科的特征，涵盖传播学、心理学、市场学、管理学、文化学等。这是由于广告学本身就是一个跨学科的产物，所要解决的行业实践问题都较为复杂，需要跨学科方法论来支持。

但是，这个时候广告学开始遭遇"评价危机"，"有术无学"之论不绝于耳。事实上，中国广告学的复杂学科范式一方面是由于它作为一个较为彻底的应用类学科的特质所致，另一方面，作为新兴学科所面临的资源匮乏的困境，也必然使中国广告学的知识生产向资源提供方——行业倾斜。当然，从更为广泛的范畴来讲，这同样受制于改革开放之后中国高等教育所秉持的服务于社会主义经济建设的使命；广告学在教育部的几次学科调整中屹立不倒，就是因为它的复杂学科范式使得它的人才培养效果非常突出，符合其历史使命。但是这种情况开始与日渐倾向于经典学科范式的传播学之间产生了分歧。这个时期的传播学虽然还保留了一部分的应用化色彩，但已经开始注重规范化和学术化的提升。1997年，传播学与新闻学组成一级学科"新闻传播学"，传播学成为下设的二级学科。中国广告学俨然没有跟进这样的步伐，仍沿着复杂学科范式的路径一路高歌猛进。

进入21世纪，广告学依然处于"常规科学"时期，但是危机也开始显现。首先，学科获得了博士招生资格，学科规模出现了较大增长；其次，既往知识共同体开始日渐稳固，共同理念和行为规范日趋成熟，知识体系按照行业的知识需求进一步细分。广告知识的生产效率和规模都大幅度提升，且与行业合作的规模、深度都有所提升，知识应用、知识转化、知识价值开发等都有了较为长足的发展。高等院校与行业中诸多角色之间就深层合作已经达成一种共识。以2005年启动的大广赛和1999年启动的学院奖为例，这两个面向学生的学科竞赛项目表明广告学与业界之间已经形成了非常深入的默契，合作打造出了非常成熟的产教合作模式，汇聚了管理部门、行业协会、广告主、广告公司、行业杂志、高等院校等各方资源，涵盖了高校巡讲、竞赛指导、竞赛评价、品牌传播等内容，以赛促学，推动学生的专业学习。与此同时，这两个竞赛项目还为赞助品牌提供了获取策划创意和营销传播的机会，也促进了全国范围内专业教师的专业知识交流和专业知识学习，在一定程度上解决了教育资源不平等的问题。而从 1996 年开始的电通广告教育项目，覆盖范围最初为六所大学，2005 年开始该项目拓展为面向全国广告学教师的培养，这是一种非常典型的广告公司专业知识输出，它一方面强化了公司品牌和公司专业知识的影响力，甚至促进了两国之间的文化交流；另一方面，它也丰富了国内广告学的教育资源，促进了国内广告教育的发展。其基础也是广告行业与广告学之间形成的共识，即协同整合资源，共同促进广告学和行业的发展。但是，值得注意的是，进入 21 世纪后，中国传播学表现出了更为明确的政治意识和社会关怀[1]，也就是朝着具有本土化经典学科范式的方向发展。这使得它与广告学之间的分歧更为明显，广告学的复杂学科范式的功用性特征开始受到更多的批判，其所暴露出来的理论性不足、学科体系不完善等问题也日益明显。

进入 21 世纪的第二个十年，广告学的危机日渐明显，这表明"科学革命"无可避免。除了旧有的学术评价危机，更为重要的是新媒体的迅猛发展，使得遵循数字营销规律的数字广告产业链条基本成形，这就使得依赖于与传统广告行业协同合作的广告学开始进入迷茫期，既往的广告知识已经陈旧，旧有的广告学的学科范式已经无法应对新的广告知识生产需求，且尚未构建出与数字广告产业链条的协同关系。依据罗伯特·库恩的理论，这必然要求新的学科范式的诞生。且从知识总体状况来看，拥有 40 年历史的中国广告学的知识生产结构严重失衡，广告实务研究过多，广告理论、广告文化研究、广告历史研究等研究比例偏低，且方法论较为粗放，没有太大突破；理论建设虽然有所发展，但数量很少，这既影响了它的学科提升，也严重限制了它应对危机的能力。当然，这样的危机对于中国广告学而言，既是挑战也是机遇，数字广告产业空间极为广阔深远，如果能够与之形成知识协同创新关系，并完成规范化的理论升级，那么中国广告学也必然迎来全面的升级。

---

[1] 李彬，刘海龙. 20 世纪以来中国传播学发展历程回顾 [J]. 现代传播，2016（1）37.

回顾中国广告学的学科发展历史，我们会更为清晰地发现，其知识生产源于社会发展和行业需求，广告行业与广告学科之间的耦合也呈现出了一种非常明显的系统化、机制化的关联关系，从而充分地促进了广告知识生产和知识效用的拓展。由此可见，知识生产尤其是应用类学科的发展，是社会发展的结果，其形态受社会环境和行业环境的影响。知识并非独立于社会体系之外的存在，而是由于融入社会和时代发展浪潮，对接行业发展需求，从而能够获得更为充沛的发展动力，且能够将知识转化为人才培养资源，进而推动高水平就业和提高人才培养之间的匹配度。这也为后续的知识生产、学科发展提供了重要的启示。这也表明，所谓高等教育的滞后以及学科的新陈代谢，是时代演进的必然，只要能够重新掌握时代主题且能够精准地在知识生产与新的行业发展形态之间建立起牢固且有效的合作机制和运行机制，并以此来设计相关的人才培养方向、高校管理机制，以及知识生产、知识投资的新型思路，那么，所谓的诸多问题必定不攻自破。当然，这样的调整不能仅仅在既往的思路范畴内简单进行，而是需要结合同期丰富的时代特征、社会形态、媒介技术、经济形态、知识生产潮流等要素，才能完成一种结构性的规划。

三、协同与升级：中国广告学学科范式的未来前景

埃利亚斯·G.卡拉雅尼斯（Elias G.Carayannis）于 2003 年提出知识生产模式Ⅲ，该模式提出多元社会主体以多边、多形态、多节点和多层次的方式来协同进行知识创新，并创建协同发展、协同创新的逻辑机理，从而驱动知识生产资源的形成、分配和应用，基于这样的机制可以形成形态各异的创新网络和知识集群，最终形成全社会范畴内的知识创新和知识整合。[1] 目前，类似尝试在世界各国范围内进行，若干复杂的经济社会问题已经被多元化的知

---

[1] CARAYANNIS E G., CAMPBELL D F J. Mode 3 knowledge production in quadruple helix innovation systems: 21st-century democracy, innovation, and entrepreneurship for development [M]. New York: Springer, 2012: 29，47，49.

识协同创新共同体所解决，他们组建"学术企业"型超学科组织，如加州大学伯克利分校的造福社会信息技术研究中心（CITRIS）和密歇根大学的调查研究中心等。全球本土化（glocalization）意味着更为复杂的社会发展形态，协同创新式研究将更有利于各类社会问题的妥善解决。① 这种更具开放性的、协同式的知识生产，其能力和效应无法估量。基于这种模式所形成的学科范式也将更为复杂、多元且全面，中国广告学需要借鉴这种思路来进入新的"常规科学"时期。

1."经典"与"复杂"深嵌式协同

数字技术的出现，带来了广告行业格局的全新再造，也意味着中国广告学原有的复杂学科范式下的知识生产模式日渐失效，意味着经典学科范式更是无法应对。数字广告的形态、内涵和传播模式、运营模式与以往截然不同。面对这样复杂的数字广告产业，我们需要重新构建与之相匹配的连接体系和合作体系。而由于数字营销变化极快，仅依托实务进行知识生产合作将难以及时跟进，只有强化数字广告知识生产的理论化、前沿化、超前化，才能够有所应对。这必然需要经典学科范式与复杂学科范式深度嵌合，协同升级为一种超复杂学科范式，吸收两种学科范式的优势，规避两种学科的劣势，实现协同效应。具体而言，以复杂学科范式为基础，来解决知识生产和学科发展的资源、动力、研究问题等，通过机制化设计和流程化安排，保证学科的开放性和动态发展，并快速实现知识的价值转化，以保证知识的社会价值和经济价值。经典学科范式将承担顶端设计工作，负责对产出的知识进行理论提升和规范以及方法论探索，并侧重前沿性和超前化的知识探索和思考。两者深度嵌入，协同发展。这种超复杂学科范式将是一种具有重要价值的学科范式的尝试和探索，必能带动中国广告学实现跨越式发展，也将对数字广告产业产生难以估量的推动作用。

---

① GOERING R.A world-changing view of engineering［EB/OL］.（2004-01-26）［2023-03-23］.https://www.eetimes.com/a-world-changing-view-of-engineering/.

2. "经典"与"复杂"的开放式升级

中国广告学的超复杂学科范式,也要求其中的经典学科范式和复杂学科范式分别实现开放式升级。

经典学科范式对于知识的系统化梳理和前瞻式探索,是学科提升的必备条件,也是培养高端专业人才的重要基础。对于一个只有40年历史,且专业知识体系尚不完备的应用类学科,中国广告学要想走得更为长远,一定要依托经典学科范式的升级来突破复杂学科范式的知识生产惯用模式,要不断强化知识体系的梳理,避免沉迷于功用化和实务化,同时要着力提升学术高度。首先,中国广告学需要强化理论升级,对于数字广告理论研究、数字广告文化研究、数字广告史学研究、数字广告伦理研究等予以倾斜,保证学科知识结构平衡发展;尤其需要强化本土广告理论的产出,要创建中国广告理论体系,借助数字人文、新文科等概念,联合其他学科同仁,进行中国广告理论的延展;更为重要的是要加强理论研究的严谨性、批判性和独立性。其次,中国广告学需要以开放思维来进行数字广告知识的系统化建构,形成与数字营销对位的知识系列,如数字营销产业研究、数字营销技术开发、大数据营销与运算、数字消费研究、数字媒介营销创新、数字营销运营、数字广告公司发展、数字品牌、数字广告意识等。再次,中国广告学需要强化中国数字广告理论的学术交流。数字广告具有非常明显的全球本土化特征,这意味着本土数字广告传播具有不可替代的创新性和独特性,且具有全球示范价值。中国广告学要想强化中国数字广告理论的对外输出能力,增强其国际影响力,还需要依托这样的理论建设来指导课程体系和人才培养体系的设计。更为重要的是,中国广告学需要为居于复杂学科范式范畴中的中国数字广告知识生产提供方向性支持。

中国广告学的知识生产同样需要依托复杂学科范式来进行开放式的拓展和升级。具体而言,要强化三重问题意识,分别为行业问题意识、区域问题意识和国家问题意识。首先,针对数字广告行业,学界应与政府管理部门、数字广告行业协会、数字媒介公司、大数据运营公司、数字广告公司、数字营销服务公司、数字营销技术开发企业等组建核心学术共同体；组合、协调、参与以各种目标为导向的知识生产联合群体和知识生产资源的聚合，推动开放式的知识生产活动；参与和推动数字广告知识在行业中的充分应用，促进企业进步、产业发展，提升知识的经济价值、行业价值和社会价值乃至社会影响力。其次，要强化区域问题意识。分布在不同区域经济范围内的广告学界应该紧密结合当地的产业资源和文化资源，针对区域品牌升级、区域文化传播和区域经济发展等问题，联合地方政府、区域产业来共同设计课题，共同打造区域数字广告传播产业链，推动区域经济的发展和升级，解决乡村振兴、共同富裕等问题。再次，要强化国家问题意识。要充分关注新时期的国家形象传播、民族品牌战略、品牌出海、民族认同构建、民族文化传播、传统文化输出、新媒体产业升级、智能经济发展等课题，将知识生产与诸多国家战略对接起来，通过国家课题、专项项目、数字广告智囊库等方式融入国家战略体系，为中国持续发展贡献力量。更为重要的是，要不断强化超复杂学科范式下的知识生产体系的构建，明确要素、环节、流程、机制等，联合知识共同体进行目标体系、动力体系、循环体系的建设和升级；强化资源、投资、产出、转化等的流程把控；保证数字广告知识生产的生产质量、生产效率和应用率的全面攀升。

值得注意的是，人工智能技术的发展也开始对全球高等教育模式产生影响。因此，广告学科应借助人工智能技术，构建开放性智能化的知识生产群落，高效智能地寻找知识突破点，精准地规划知识协同创新机制，从而更为准确地推进知识应用，甚至对应用效果进行精准地预测，最终形成人工智能化的超复杂学科范式，让知识生产以更为泛化的方式融入社会体系中，深入到全球本土化的时代格局中。要进行人工智能化知识生产和学科范式的探索，必然需要在认识论和方法论上进一步探索和突破。中国数字营销行业表现出了非常明显的区域不平衡现象，这在很大程度上限制了不同地区的数字营销知识生产和传播，对于欠发达地区的人才培养和区域发展都具有消极作用。只有依托人工智能技术和区块链技术，打造广告学知识生产的全国性生产网络，强化区域知识群落聚合，打破各种类型的知识鸿沟，使全国广告学形成一个相互支援、资源流通、信息流通的大学科，才能迅速集合所需力量来促进区域发展，有效地提高学科知识生产能力和社会效能，提升学科竞争力。

中国广告学是中国高等教育学科体系中的沧海一粟，关于它的学科范式的思考，少且较为僵化。当然这不是该学科独有的问题，这也是当今中国高等教育内各学科共同面临的问题。到底该如何对学科范式进行一种总体性审视，并能够找寻到其未来发展方向。知识作为知识经济时代的核心资源，以知识作为内核来进行学科范式的探讨，不失为一种有意义的尝试。不同时代的学科范式意味着不同时代的社会发展方向和知识走向，也展示着人类社会勇往直前的不灭热情。

为广告重新正名*
——从主流媒体的广告观开始

《人民日报》是当今中国最有影响力的综合性报纸，日发行量达300万份，遍布全国各省、市、自治区、直辖市，行销100多个国家和地区，被联合国教科文组织评定为世界十大权威主流报纸之一。[①] 对《人民日报》的文章加以分析，可以较好地把握主流媒体的舆论倾向。在研究过程中，我们选取了《人民日报》图文数据库1979年1月1日至2007年4月10日所有标题中带有"广告"的文章，共计1060篇。

从报道文章的数量及类型上看，近三十年来《人民日报》对"广告"的报道数量基本呈上升趋势，以消息居多，且主要报道中国内地的广告事业。从报道倾向上看，主要有以下几大特征。

一、放大传播影响而忽视"广告"的商业和经济功能

《人民日报》对"广告"的报道，特别注重其对社会主义精神文明建设的影响。与这一倾向相对应的，是广告传播内容、形式和与此相关的广告监管等报道在《人民日报》的频繁出现。

据统计，《人民日报》对"广告"有直接或间接评价的文章共556篇，其

---

* 本文原刊登于《国际新闻界》2007年第9期，作者丁俊杰、黄河，收入本书时略有删改。
① 相关资料来自人民网首页。

中竟有 416 篇文章涉及广告内容，另外还分别有 107 篇和 94 篇文章涉及广告的表现形式和传播方式，有 87 篇涉及对广告的监管。

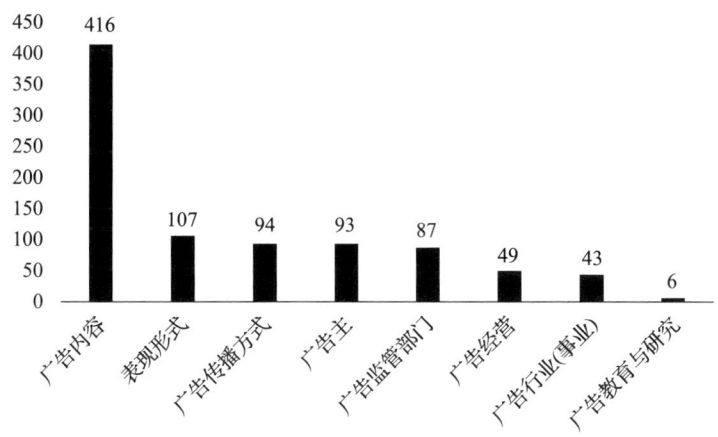

图 1　文章对广告的评价所涉及的内容

与此形成鲜明对照的，是《人民日报》近三十年来对广告商业功能和经济地位的忽略或轻视。据分析统计，仅有 49 篇文章提及广告经营，另有 43 篇文章涉及广告事业或行业，文章数量占比都不及全部 1060 篇文章的十分之一。而对广告事业或行业的评价，除了二十世纪八九十年代初的《办好社会主义广告事业》（1982 年 2 月 18 日第 4 版）、《办好人民广告事业》（1982 年 3 月 6 日第 3 版）、《发展农村广告》（1984 年 4 月 13 日第 5 版）、《广告在我国商品市场中的作用》（1987 年 6 月 26 日第 5 版）、《充分发挥广告在经济发展中的作用》（1994 年 2 月 21 日第 5 版）、《加强我国广告市场建设》（1996 年 6 月 8 日第 6 版）等少数文章有较深入、全面和积极的阐述外，其余的大多是通过对会议、事件等报道的形式对广告事业、广告行业进行较简单的描述，如《全国报纸广告工作会议提出：尽快建立有中国特色的广告体系》（1987 年 4 月 21 日第 2 版）等。

最显单薄的是《人民日报》对广告教育与研究文章的统计数据，仅有 6 篇文章对这一主题有所涉及。

同时，需要引起注意的是，《人民日报》的文章对广告内容、形式和传播

方式的评价又以医药广告、医疗广告和小广告为主。

《人民日报》对"广告"的内容及表现形式、传播方式的评价数量非常多，在这些文章中，对医药广告、医疗广告和小广告的评论比重远远超过其他内容或类别的广告。据统计，共有125篇文章评价医药广告，有78篇广告评价医疗广告，有57篇文章涉及对小广告的评价，而依据报道文章数量接着排下来的机械广告、房地产广告、食品广告等报道，均没有超过10篇；对于汽车广告、家电广告、彩票广告、手机广告、钟表广告、留学广告、内衣广告、旅游广告、拍卖广告、玩具广告等，报道文章多则两三例，少则一例，广告对上述产品的销售及产业的推动鲜有阐释。

总体而言，《人民日报》对医药广告、医疗广告和小广告的大量评价体现出其对广告内容的虚假、欺骗和表现形式的粗糙、呆板，以及传播泛滥、违禁、违规、违法等的关注度。虽然这一特征和上述三类广告对消费者的误导和侵害现象有关，但过多地强调少数局部负面的现象而忽视大量其他关于广告正面的事件和事物，则会营造出一个并不全面公正的主流舆论环境。广告对企业、产业、区域经济乃至整个国民经济的积极作用因为报道比例过小而难以被广泛认知，"人人喊打"的情形广泛地存在于各个阶层，这对我国的广告业而言无疑是一种强烈的冲击。

二、负面评价远胜肯定

在这些文章中，有超过一半的文章对"广告"有直接或间接的评价。而在这些有评价的文章中，有63%对"广告"持批评否定或其他负面态度，高达349篇。

与批评否定或其他负面态度的庞大报道相比，对"广告"持肯定态度的仅有61篇文章，仅仅占到556篇文章的11%。同时，我们还需要关注的是，对广告持有肯定态度的报道文章，在时间维度上多数集中在20世纪80年代初和90年代初；而对广告持批评、否定的声音，则从1980年2月1日第4版的《看了"广告"之后》开始，一直没有间断过，并有持续走高的趋势。

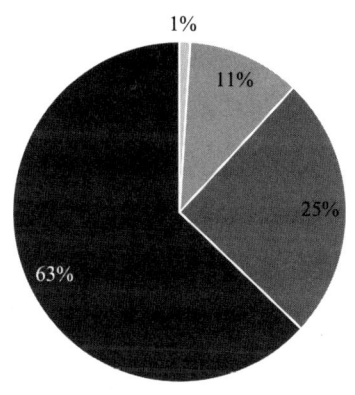

■ 难以判断　■ 肯定　■ 客观中立　■ 批评否定或其他负面态度
图 2　对广告有评价的文章之报道倾向

《中华人民共和国广告法》第三条规定:"广告"应当真实、合法,符合社会主义精神文明建设的要求。由于强调"广告"对社会主义精神文明建设的影响,所以《人民日报》对"广告"持肯定态度的报道最多地体现在"公益广告""扶贫广告"等层面,相关评价例如"传播先进文化、塑造高尚精神、引领文明风尚"(《我国公益广告事业长足发展　成为推动社会和谐进步的特殊力量》,《人民日报》2006 年 10 月 22 日第 4 版),"加强社会主义思想道德建设和精神文明建设"(《全国思想道德公益广告表彰大会在京举行　刘云山致信祝贺》,《人民日报》2006 年 10 月 21 日第 4 版),"净化人们心灵和社会环境"(《一批公益广告获奖》,《人民日报》1999 年 3 月 29 日第 11 版),"弘扬人间的真、善、美,抨击人间的假、恶、丑"(《公益广告　爱洒人间》,《人民日报》1997 年 10 月 16 日第 10 版),"益于公众",在"促进精神文明建设"和帮助企业发展上"大有作为"(《经济生活新风景:公益广告》,《人民日报》1996 年 10 月 17 日第 10 版),"加快了贫困地区脱贫致富的步伐"(《义务传播信息　深山货畅其流　湖南扶贫广告立了一功》,《人民日报》1999 年 2 月 24 日第 2 版),加强了"对下岗职工的精神鼓励"(《支持就是力量,中央电视台再就业公益广告受称赞》,《人民日报》1999 年 1 月 25 日第 5 版)等。

而关于广告对经济建设的贡献,全部文章中提及"广告"有助于"促进

经济发展"的文章只有23篇;另外,分别仅有21篇和18篇文章认为"广告"在"服务消费者"方面和"帮助企业发展"层面发挥作用。相关的评述如《人民日报》1983年4月13日第5版上《发展农村广告》提及的"通过开展农村广告活动,传播经济信息,从而搞活流通,促进生产,方便消费,必将受到广大农村企业和社员的欢迎";《人民日报》1994年2月21日第5版上《充分发挥广告在经济发展中的作用》中所讲的"随着我国社会主义市场经济的发展,广告作为信息传播的使者和促销的催化剂,在经济和社会发展中发挥出越来越大的作用,成为传播经济、文化和社会信息的有力工具和手段。广告还对中外经济贸易交流起到了推动作用。从而更好地为我国建立社会主义市场经济体制和现代化建设服务";《人民日报》2004年9月9日第2版《世界广告大会在京召开,吴仪发来贺辞》一文中提到的"中国的广告业也经历了从小到大、迅速扩展的发展过程,整体水平空前提高。中国广告业年均增速达到40%左右,2003年的经营额超过了1000亿元,已成为中国社会经济中有重要影响的行业。中国广告业的飞速发展和取得的巨大成就,为世界广告业在中国的进一步发展和开拓,提供了广阔的空间和宽广的舞台";等等。

值得注意的是,相对于300余篇持批评与否定或其他负面态度的报道,持肯定态度的50多篇文章显得微不足道。而过多集中在广告内容上的批评或否定,使得论述广告积极作用的声音几乎被淹没,这一情形极易使受众对广告的认识出现偏差或不全面,因此,为广告正名势在必行。

三、"虚假"几成广告代名词

在《人民日报》众多持负面态度的报道中,"虚假""违法""欺骗""泛滥""夸大其词""误导""低俗""失实"等词语比比皆是,其中,尤以"虚假"一词的出现频率最高。出现"虚假"一词的报道,最早的一篇为1981年1月31日第2版上的《广告的生命在于真实》,报道认为"有的广告内容虚假,直接违背了社会主义经营原则";最近的一篇为2007年4月2日第6版上的《"央视上榜品牌"是虚假广告》,文中提到"商家打出的'央视上榜品牌'

纯粹是无中生有，误导消费者，违反了《广告法》的真实宣传原则"。根据统计数据，我们惊讶地发现，包括上述两篇报道在内的含有"虚假"一词的报道总数竟然达到了230篇。同时，我们还应当看到，欺骗、违法、过于夸张、误导、失实等词语都或多或少地与"虚假"有关，如果把含有这些词语的相关报道都算上，关于"虚假"广告的报道的数量是非常惊人的。

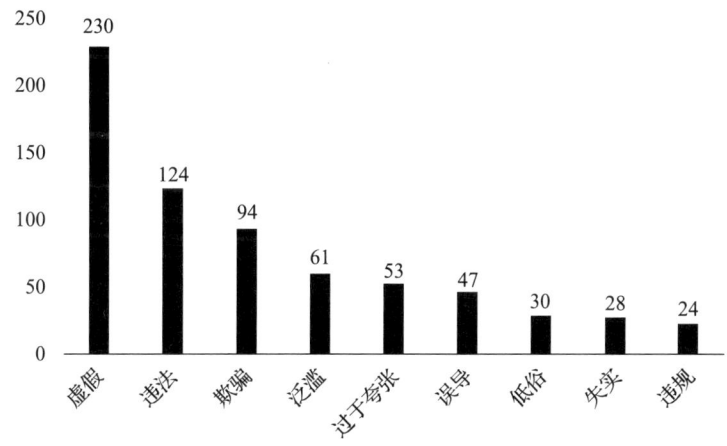

图3　关于"广告"的评价词汇在报道中出现的频次统计（前9位）

《人民日报》的某些文章指出，虚假广告可分为"虚假的"和"引人误解"的广告，指那些"捏造事实""隐瞒真相"或有意让消费者产生"误解"的广告（见《怎样判定"含有虚假内容"的广告》，《人民日报》1997年11月28日第9版、《虚假广告透析》，《人民日报》1995年4月17日第9版等文章）。在出现"虚假"一词的230篇文章中，既有分析"虚假"广告产生原因的（如《虚假邮购广告为何屡屡得手》，《人民日报》1991年12月24日第5版），也有描述"虚假"广告的危害的（如《广告误导，祸害无穷》，《人民日报》1996年11月23日第8版）；既有谴责企业违法、违规的（如《假冒引进香港技术"忽悠"患者能治好病——杭州华夏医院发布虚假医疗广告被调查》，《人民日报》2006年4月11日第5版），也有批评媒体审核不严、违禁刊播的（如《违禁虚假广告是怎么出笼的》，《人民日报》1992年8月15日第5版）；既有引述各界制止"虚假"广告的呼吁的（如《"名人广告"亟待

规范》,《人民日报》2007年3月14日第5版),也有报道执法单位对"虚假"广告采取各类措施的(如《总结经验教训、采取有力措施,永嘉县严厉打击虚假产品广告》,《人民日报》1990年5月3日第2版、《广东"组合拳"砸向虚假广告——将追究违反"禁播令"的媒体领导责任》,《人民日报》2006年8月7日第6版)。

据统计分析,在这些文章里,"虚假"广告涉及医药广告、医疗广告、保健品广告、化妆品广告、种子种植养殖广告、房地产广告等多种广告类型,医药、医疗、保健食品等广告在2000年之后的关于"虚假"广告的报道中占有非常大的比重,这一现象和国家工商总局等相关主管部门的监管重点密切相关,如在《11部门联手整治,六类虚假广告被列为打击重点》(《人民日报》2005年4月27日第6版)一文中报道说:"国家工商总局、中宣部、公安部、监察部、国务院纠风办、信息产业部、卫生部、国家广电总局、新闻出版总署、国家食品药品监督管理局、国家中医药管理局今天在京召开了全国整治虚假违法广告专项行动第一次部际联席会议……这次整治工作将重点查处下列虚假违法广告行为……二是在保健食品、药品、化妆品和医疗广告中使用消费者、患者、专家的名义和形象作证明;三是保健食品广告宣传治疗作用或者夸大功能;四是药品广告夸大功能、保证疗效;五是医疗广告夸大功能,宣传保证治愈;六是化妆品和美容服务广告夸大功能,虚假宣传。"

此外,"虚假"广告的传播方式主要有电视播出、报刊登出、邮寄、街头张贴和分发等,对媒体广告发布环节的监管始终是相关主管单位行使监管职能的重要举措。

"虚假"一词的频频出现,强化了读者对广告片面的认识。"虚假"几乎快要成为"广告"的代名词了,而这对营造广告健康发展的舆论环境极为不利。

四、重"整治"轻"指导"

在对文章的分析中,我们观察到《人民日报》针对企业和媒体的"违法""违规"和"违禁"的报道也有较多的数量，在对"广告"有评价的500余篇文章中，涉及广告"违法"的文章共计124篇，内容大致包括以下几类：

第一类，关于广告"违法"类型的描述。如《人民日报》1990年12月11日第5版上的《走出广告经营的误区》提及一些违法案件主要有"无证照或超越核准的经营范围非法经营广告""刊播违法违章广告""发布无合法证明和证明不全的广告"等特点；对"违法"广告屡禁不止的原因进行分析并呼吁整治"违法"广告，如《人民日报》2003年7月25日第13版上的《患风湿病多年的杨女士，每每看到"彻底攻克类风湿顽症"之类的广告，都满怀希望地掏钱购买，但是秘方并不奏效——虚假医药广告坑人不浅（消费视窗）》一文认为，"多头管理""地方保护"和"传媒为了自身广告收益"是大量"虚假广告屡禁不止"的原因。又如在《人民日报》2006年7月7日第13版上，全国政协委员储亚平在《虚假医药广告急需整治》一文中提出，"虚假医药广告之所以屡禁不止……根本原因在于监管不力，处罚较轻"，并建议"修改《广告法》，对虚假违法医药广告加重经济处罚；对屡教不改的广告公司、新闻媒体，吊销广告经营许可证；修改完善《刑法》，进一步明确虚假广告罪的定罪量刑标准，加大刑事处罚力度；明确刊播虚假违法医药广告的连带责任"，等等。

第二类，对"违法"广告危害和对策的讨论。如《人民日报》1999年11月24日第11版上的《拒绝违法广告》一文谈到"无论对个人、还是对社会，违法广告危害颇多"，而相应的对策可以是到"工商局的广告监管部门举报，也可以向消协投诉"，还可以"向当地的人民法院提起诉讼"；又如《人民日报》2005年3月10日第8版上的《切除危害社会的"毒瘤"——医卫界政协委员会诊虚假医药广告》一文中对"取消医药广告"的呼吁；再如2005年10月17日第14版上的《斩断违法广告的利益链条》提出要"监管部门通力合作，加大处罚力度，使药品广告的审批、监管、处罚有机衔接、联动起来，让不法分子无机可乘"，"对于那些多次发布虚假广告的广告主和广告经营者，应该给予严惩"，以及"要真正落实责任追究制"等。

第三类，相关主管部门的方针和举措。如《人民日报》2001年5月11日第 2 版上的《国家工商总局加强对违法广告监管,违法广告监测信息将定期统一发布》一文提出,"对于普遍违法并呈上升趋势的商品广告或服务广告,将及时提醒社会注意识别,同时加强重点监测和监督执法,遏制违法广告的蔓延"。

第四类,对"违法"广告行为的曝光和整治报道。如《人民日报》2006年6月22日第5版上的《违法发布广告情节严重,20种医疗器械被曝光》、2007年2月15日第6版的《最新违法药品广告名单公布,20个药品广告违法情节严重》、2006年10月25日第11版的《内容虚假,格调低下,十二类医疗广告被逐出报刊》等,这类文章的数量相对较多。

对广告"违法""违规"现象等的大量报道,体现了《人民日报》对广告监管的重视。然而,为了促进我国广告业的健康发展,通过包括立法在内的各种整治措施规范市场主体的行为、维护广告市场经济秩序、营造公正、公平的广告市场环境只是一个方面;对广告这个"朝阳产业"[1]而言,如何合理、有效地对其进行"指导""扶持"和"促进",同样是一个关键而深刻的命题。以"主流媒体"角色出现的《人民日报》对广告"整治"的偏重忽视了广告业健康、持续发展的"另一只手",而这一倾向并不利于社会各界对我国广告业发展"新思路"和"新办法"的冷静思考与全面而积极的探索。

五、结语

1979年1月14日,上海《文汇报》刊登了一篇由丁允朋撰写的文章——《为广告正名》,[2]文中针对人们把广告和"摆噱头""吹牛皮""资本主义生意经"联系到一起的现象做出了修正,认为"我们有必要把广告当作促进内外贸易、改善经营管理的一门学问对待";广告"对于我们社会主义经济来说,也是可以用来促进产品质量提高,指导消费的";"我们应该运用广

---

[1] 刘凡.在国内广告业保持平均每年两位数增长的同时,加强广告监管不容忽视——促朝阳产业健康发展[N].人民日报,2006-03-27.

[2] 丁允朋.为广告正名[N].文汇报,1979-01-14.

告,给人们以知识和方便,沟通和密切群众与产销部门之间的关系";"广告也是一种具有广泛群众性的艺术,优秀的广告可以美化人民的城市,令人赏心悦目,使人在愉快的艺术熏陶中,感受到社会主义经济文化的欣欣向荣"。不久,1979年3月12日《人民日报》在第2版登载了何子葭撰写的《上海恢复商品广告业务》,该文也强调"广告在促进工农业生产和发展内外贸易、旅游业、技术交流等方面可以起到积极作用"。

  1979年的这两篇文章,对广告的本质和功能给予客观的界定,对即将复苏的我国广告业起到了良好的社会启蒙作用。之后,我国的广告业逐年快速发展,对我国的物质文明建设和精神文明建设都做出了巨大的贡献。然而,由于我国广告业发展时间较短,广告政策法规不完善,相关制度还不健全,监管手段比较缺乏,社会主义市场经济发展初期所出现的一些问题或多或少地会体现在广告经营和监管等层面;这些问题又因为广告传播、教化功能的强大而显得更加突出。出于保护消费者和维持市场经济秩序的目的,《人民日报》对广告存在的相关问题进行曝光、批评或否定亦无可厚非;然而,长期过多地强调局部而忽视整体,过多地侧重传播而无视广告的经济作用,过多地批评否定而少有积极的肯定,过多地偏重监管而鲜有有效的引导,则又一定程度地扭曲了广告的本质、功能和形象。我们对《人民日报》关于"广告"的报道的上述分析,一个鲜明的主题就是希望借此引起学界和业界对"广告"的舆论环境进行深入的思考和广泛的探讨,并可以在此基础上为广告重新正名,从而还广告一个公正、客观的生存空间。

  广告正名已经开始,结果值得期待!

中国广告业的动力与动向*

从 1979 年至今将近 30 年的发展中,中国广告业经历了一个由小到大、由突飞猛进到稳扎稳打的发展过程。2006 年,中国广告业营业额达到 1573 亿人民币,较 2005 年增长了 11.1%,连续 9 年增长比例维持在 10%—20% 之间,这说明中国广告业进入了一个发展比较稳定的成熟期。虽然中国广告业目前仍面临着整体环境复杂、舆论环境尴尬、理论研究不足、行业监管艰难以及传统媒介和广告从体制到思想都遭遇颠覆五大困境①,但快速增长的经济环境、数字化潮流与消费的重新聚合却又带给了广告业澎湃的动力;更何况,2008 年的中国又会因奥运这一盛典而受到全球瞩目,长期走稳的中国广告业可能会在上述背景下有一个跳跃式的发展。

一、大国崛起背景下中国广告业的拓展与凝合

中国广告业的发展与中国经济的整体环境相辅相成。国家统计局网站发布的数据显示:2007 年全年国内生产总值高达 246 619 亿元,比 2006 年增长了 11.4%,加快了 0.3 个百分点,连续 5 年增速达到或超过 10%;与此相应

---

* 本文为教育部新世纪优秀人才支持计划项目(NCET-050206)内容,原文发表时题为《2008 年,中国广告业的动力与动向》,原刊登于《山西大学学报(哲学社会科学版)》2008 年第 5 期,收入本书时略有删改。

① 丁俊杰,黄河.观察与思考:中国广告观——中国广告产业定位与发展趋势之探讨[J].现代传播,2007(4)78.

的，是中国外汇储备、进出口贸易额、社会固定资产投资额、社会消费品零售总额等重要经济指标超过 10% 甚至 20% 的增长率。作为已经跻身世界经济强国前 5 位的经济体，中国的经济发展举世瞩目。

总的来说，中国经济的持续高速发展有赖于两个基础：一个是仍然会在未来几年为 GDP 提供动力的中国庞大的消费市场及由此发生的"巨国效应"；另一个则是中国各行政区域在社会经济层面的合作与竞争。服务于这两大基础的中国广告业既在连接产销、引爆消费层面发挥着关键的作用，同时又促进了区域产业集群的形成和壮大，并且还对若干新兴的或处于快速成长阶段的产业（如创意产业、金融保险产业）给予了积极的支持。反过来，作为产业发展的"晴雨表"，我们可以透过广告投放量洞悉某个产业的兴衰。例如，以商业和服务业等为主的第三产业近两年的国内生产总值增长速度均在 10% 以上，与其广告投放趋势相符，这很大程度上带动了广告业结构的更新以及总量的增长。

另外，随着中国经济的繁荣，"大国意识"开始在国民心中萌发，中国在参与构建和谐世界的过程中更加从容而自信。这一趋势深刻地影响着中国广告业。一方面，巨国经济与大国意识背景下中国的经济和文化都具有更强的辐射性与扩张性，中国企业渐渐走出国门、打造国际品牌以及国际企业在营销管理中对"中国元素"的广泛运用，就是很明显的例子。另一方面，国家的强盛、开放的环境及巨大的消费市场对全球的注意力、资本、文化等又产生了极强的聚合力。随着中国举办的第 29 届奥林匹克运动会的临近，上述特征变得更加明显：以"投资乘数"和"后奥运经济"为关键词的奥运经济将世界范围内的资本与消费吸引到中国，数十个相关产业会因此而受益，广告业即是其中之一。

无论是拓展性还是聚合力，都说明了中国"大国崛起"的形势。这一形势不仅对上述广告业市场空间的扩展及发展潜力的提升有积极作用，同时在微观层面也对广告的具体经营产生了极大的影响。之前我们一直探讨的国际广告企业与中国广告企业的"土洋之争"已经不再是主题，如何整合资源和能力以应对中国复杂多变的消费大市场才是关键。这样，一个新的广告发展动向开始变得清晰起来：中国广告企业通过资本、联盟等方式与国际广告企业汇流，一方面提高自身的服务能力，与客户建立战略合作关系；另一方面培养自己的国际化视野，在中国企业塑造国际品牌的过程中发挥应有作用。

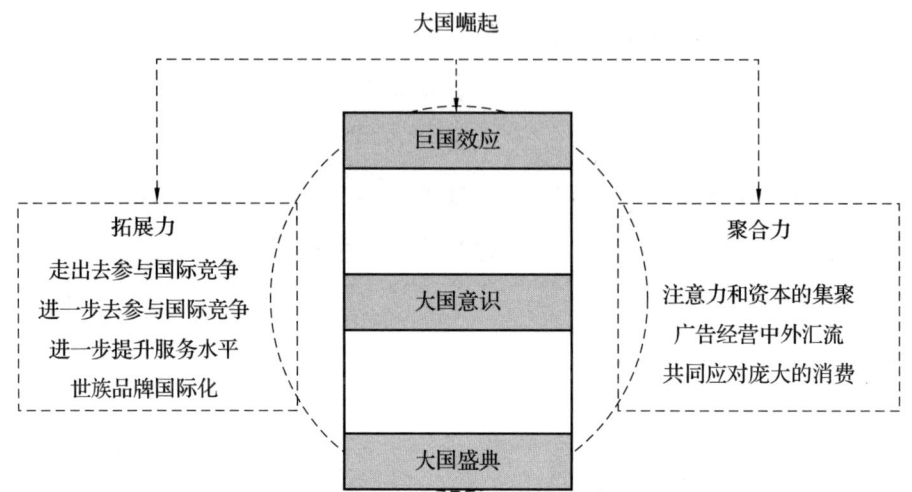

图1　大国崛起与中国广告的拓展与聚合

二、媒介新格局与广告传播形态的演变

媒介格局一直左右着中国广告业的发展。

1. 在传统媒体层面

目前，电视、报纸、广播、杂志四大传统媒体仍然是中国广告业的重要组成部分，广告是它们的经营支柱。2006年，四大传统媒体广告经营额为797.9亿元（分别为电视404亿，报纸312.6亿，广播57.2亿，杂志24.1亿），比2005年增长18.2%，占广告经营单位经营总额的50.7%。四大媒体的强势决定了广告代理制在中国困境重重，也决定了资本的力量主要在网络媒体和户外媒体发挥作用。但是，强势的传统媒体也因近年数量的爆发式增长、新媒体替代或潜在竞争对手的逐渐强大及广告主营销策略的日渐理性等因素，在广告经营上遇到了全新的挑战。各传统媒体其实早已由"坐商"转向"行

商"，除了在广告运作机制方面进行全面代理、混合经营、公司化等形式的探索，在广告资源挖掘、广告产品设计、广告定价、广告推广、售后服务等营销的各个环节也不断加以创新。但是，过于注重广告收入而忽视媒介的真正核心——内容的打造，却使得传统媒体积累多年的主流媒体的形象和地位受到严重冲击，这点尤其突出地体现在电视媒体上。为了应对传统媒体在强势压力下潜在的危机，业内已经展开了广泛的讨论，"品牌化""影响力""绿色收视率""综合评价体系"等多个相关的论点相继被提出，媒体的广告竞争正由"量"转向"质"。

2. 在新媒体领域

数字化潮流催生了互联网、数字电视、手机电视、IP电视、移动多媒体等诸多数字新媒体。目前中国互联网用户约为1.37亿，网络游戏、增值业务、网络广告是其主要的盈利模式，"搜索"和"互动"是新媒体的两大关键词。在"整体平移"的策略下，中国有线数字电视用户约为2000余万，数字电视、交互电视（EPG、VOD、增强电视等）、多媒体信息服务是有线数字电视的三大业务。但由于观念陈旧、内容匮乏以及用户固有的免费收视习惯等因素，这一类型的新媒体运营商还没有对其核心资源——用户给予足够的重视和充分的价值挖掘。手机电视是广电和电信争夺的重要阵地，2006年10月国家广播电影电视总局颁布了中国移动多媒体广播行业标准（CMMB），计划利用大功率S波段卫星向手机等个人移动媒体终端提供广播节目、电视节目、紧急广播、电子业务指南等服务。无线移动通信网络将帮助其构建回传通道以实现单向广播和双向互动的结合。由于内容投入和用户规模这对矛盾在一定时期内难以化解，广告也成为这些新媒体的重要盈利方式。

现在已有许多广告主将目光投到新媒体，"互动""有创意""所有人对所有人进行传播""无所不能与无处不在"等是这些数字新媒体得以吸引广告主的主要特征。数字新媒体的出现使得受众接触信息的空间由传统的"固定、封闭"-"固定、户外"式的二维空间向"户外、移动"（如个人移动接收）

与"移动、封闭"（如公交移动电视的罐式传播）的立体空间延伸。广告信息投放的载体在时间和空间上都有了极大的拓展。

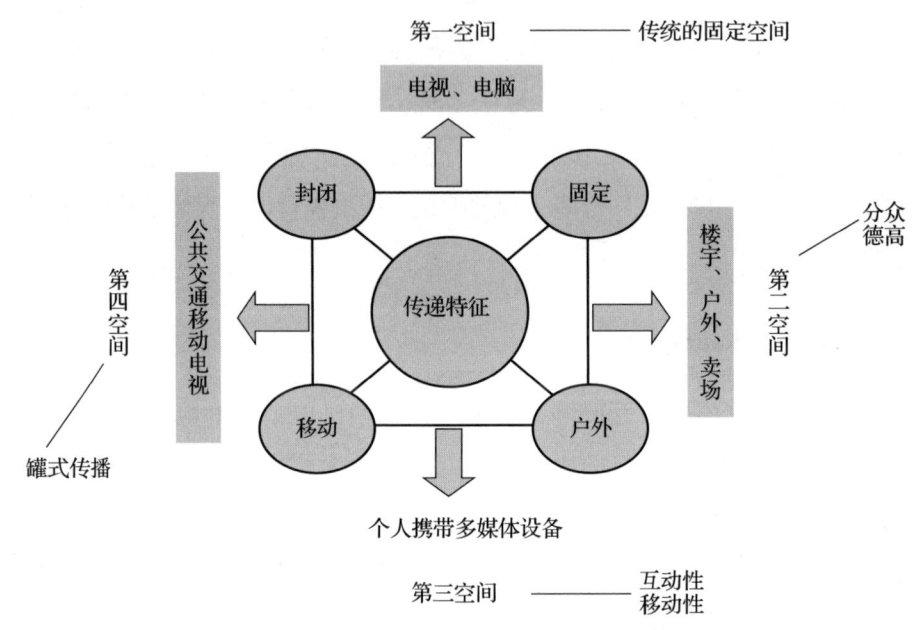

图 2　数字化时代媒介传播的四度空间

在这一背景下，广告信息变得更加泛滥，使以往侧重信息"轰炸"的广告传播在效果上大打折扣。而广告界长期奉行的 AIDMA（注意、兴趣、欲望、记忆、行动）模式也转变成了 AISAS（注意、兴趣、检索、行动、共有）模式。受众不再相信单一的信息来源，他们需要不断地"搜索""分享"和"比较"，从而获取自己更需要和更满意的信息。

这就又提出一个命题：在信息泛滥的今天，怎样才能吸引消费者主动出击去搜索并分享广告信息？我们的回答是"广告传播平台化"，以网络技术和数据库技术为内核，将原来针对消费者的"轰炸式"的传播方法演变为"尊重本体需求下的吸引"模式。黄升民教授对此也有解释，他认为："广告从简单的传播工具，向集多种交流渠道和多类交流方式于一体的沟通平台演化，实质是广告媒体化的一种功能推演。平台的搭建对于捕捉分散与聚合的需求和市场而言意义非凡，'多媒体'与'泛媒体'潮流为广告传播的平台化提供了必要的条件,我们可以凭借其定向、精准、互动等特征,向消费者和企业充分传递各自所需的有效信息,从而填平企业与消费者的信息鸿沟,消除二者之间的信息不对称。"①

三、消费重聚和营销统合基础上的广告运营的展望

消费变化对媒体和广告主的角色及战略有很大影响。中国的消费市场和消费形态正在经历一个从"分化"到"重聚"的演进过程。居民生活水平的提高、可支配收入的增加、物质产品的丰富为人们多种形态、多种层次的消费选择奠定了基础。此外,与恩格尔系数不断降低相对应的表现是食品消费层次的提高,耐用消费品消费的升级和文化消费领域的扩大。与此同时,占据主导地位的大众消费正逐步瓦解,取而代之的是消费者由于态度观念、生活方式的不同所呈现出的小众化、碎片化消费。而在"碎片化"的同时,部分消费者又会因为价值观、行为方式、消费需求等层面的近似而重新聚合,再次形成规模化的消费市场,像依托互联网等平台形成的"部落""社区""俱乐部"等就是典型的例子。这种重聚形态,是对以往大众消费时代以地理特征、人口特征、心理特征、行为特征等传统指标为标准进行消费细分与区隔的颠覆。

在消费者分化与重聚的过程中,媒体的广告功能由之前的宣传告知、制造差异向传播和扩大产品的符号价值转变;重聚的消费群关注的焦点改变,对他们来说,品牌更重于产品,符号更重于物质,文化更重于功能,无形更重于有形。针对这些变化,企业的营销推广思路也发生了质变:在营销策略上,努力将关系营销、精准营销、长尾营销、整合营销及全方位营销等进行统筹,提出最适合自身需求的方案;在品牌思维上,企业渐渐重视品牌元素、品牌资产、品牌价值在更大范围内的长远构建,表现企业文化、特质、态度、精神的元素渐渐成为企业区隔竞争对手、拉近与消费者距离的重要传播内容;在广告投放

---

① 黄升民.分聚之间的危情与转机——略论新世纪以来中国广告产业的内在驱力[J].国际广告,2007(9)12-18.

上，企业将重视终端销售和打造品牌力、影响力的结合；而在媒体选择上，企业则会超越单纯的数据，把重点放在媒体品质和媒体精准传播之上。

企业的这些变化促使媒介和广告公司在产品和服务等层面做出调整。比如上文所提及的传统媒体通过优质资源的整合提高媒介品质和影响力；网络广告和户外广告领域的重整并购轮番上演，无论是广告代理还是媒介购买，能否有效满足客户营销需求并进一步提高客户投入产出比成为其是否拥有竞争力的标志；有线电视网络运营商和移动运营商也是跃跃欲试，在媒介融合的大潮流中高举"家庭信息平台"和"个人信息平台"的大旗介入广告市场。在这里，我们可以从对"家庭信息平台"的解构中初探广告及营销的发展趋势。

所谓家庭信息平台，是指基于数字电视平台，以用户信息数据库和数字内容库为基础，为家庭用户提供各种综合信息服务的系统，其核心是可控的实时互动的家庭（个人）信息的获取、过滤以及处理。家庭信息平台通过完善的用户数据库，关注、记录和挖掘以家庭为主体的信息、消费方面的使用数据，全面分析其需求，并以服务为主导，通过对用户需求的掌握和满足，建构以数字电视为平台的综合性的服务体系。这是数据库营销的新模式，也是数字技术给传统媒介带来的全新机遇与挑战。在家庭信息平台的运行环节中，对借助数字机顶盒回传的用户数据的挖掘至关重要，无论是分类分析、聚类分析还是关联分析，核心都是为了捕捉消费者重新聚合的新特征。而当企业通过家庭信息平台掌握重聚消费者的需求动向后，再借助有线网络和数字电视机顶盒发送定向广告或进行电子商务，则会使得营销活动变得更有效率。

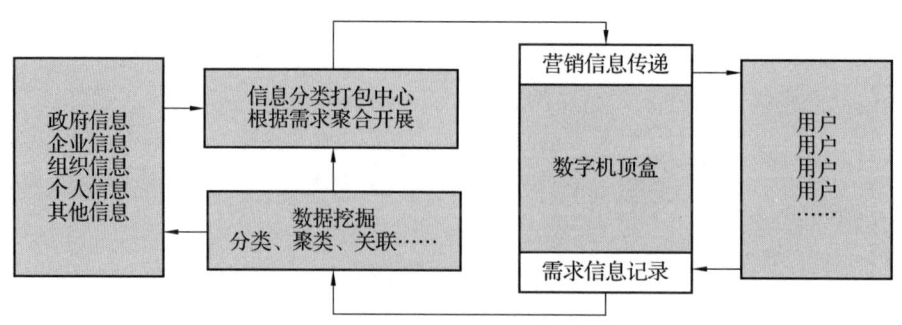

图3 家庭信息平台的运作模式

家庭信息平台为我们勾勒出一个基于消费重聚与营销统合基础上的全新广告运作模式，虽然由于技术、观念、资金等层面的问题这一模式仍在初步摸索阶段，但我们应该对实践的检验抱有信心。

结语：2008年，值得期待

综上所述，良好的经济环境、数字化时代的媒介格局、消费的重聚与营销的统合是左右中国广告业动力形成与动向调整的三大背景。2008年，奥运这一彰显中国崛起的大国盛典将成为中国广告业又一次跳跃式发展的契机。2008年，我们能够察觉广告的传播空间逐渐扩大，能够发现广告的内在功能继续拓展，能够看到广告的经营主体愈发多元，能够感觉广告的运作形式愈加新颖而有创造性……在此基础上，中国广告业会在自身市场蛋糕进一步做大的同时，为其他行业经济、区域经济、国民经济乃至社会的和谐发展作出更大的贡献。

2008年，中国的广告业值得期待！

中国广告业的空间与理性*

新世纪以来,高速发展的广告业体现着宏观经济的迅速崛起和各种产业的全面勃兴,是中国经济繁荣、社会稳定的镜像。数据显示,2008年前三季度中国内地广告市场投放总额达到2604亿元,较2007年同期增长了13%①。如此庞大的产业规模、如此迅猛的产业增速,推动着广告业在中国经济体系中的地位和作用不断提升。

然而,2008年,发端于美国,由华尔街金融操盘手在次贷方面失手而引发的多米诺效应在全球迅速蔓延。随着美国金融泡沫的破裂,全球市场体系中,以经济为纽带,彼此紧密相连的各个国家都将被迫为美国次贷危机买单。其中,经济发展日益全球化的中国自然也难以幸免。那么,在外在环境压力不断增大的情况下,以依附、敏感为特质的广告业究竟还有多大的拓展空间,是影响2009年中国广告业发展趋势的首要问题。

一、空间解读的几个支点

(一)拉动内需及时有效

2008年,面对金融危机的冲击,中国政府及时出台了包括投入资金、调

---

* 本文原刊登于《新闻与写作》2009年第1期,发表时题为《2009年,中国广告业的空间与理性》,作者丁俊杰、王昕,收入本书时略有删改。

① 数据来源:CTR广告监测报告。

整存款汇率、推出购房新政等一系列拉动内需、刺激消费的有力政策。预计2009年，这些政策的效果将在以下两个方面逐步显现。其一，在上述政策的有力推动下，以二三级城市和农村为主体的市场将成为我国主流消费阵地。规模巨大的国内市场需求，将是中国经济实现战略调整、保持稳定发展的重点，同时也是广告业进行产业开拓的战略蓝海。其二，据统计，2008年11月，我国中央投资的总体资金规模已超过1000亿元，如此大规模的资金投入，将促进包括基础建设在内的社会环境和经济环境全面升级，从而为进一步拉动消费需求、促进经济稳定做出贡献。

（二）国际品牌转战中国

在西方市场整体不景气的情况下，受金融危机冲击相对较小的中国市场将成为国际品牌的逐利乐园。在市场规模巨大，刚性消费需求稳定等利好因素的推动下，中国的市场价值将全面凸显。2009年越来越多的国际企业会收缩西方战线，转战中国市场，这无疑为中国广告业提供了新的发展空间。

（三）国际地位不断提升

金融危机是对世界各国经济发展水平和抵御风险能力的一次全面考验，同时也是对世界金融秩序的调整和重构。首先，国际方面，以美国为代表的西方发达国家市场在一定时期内仍将持续萧条，中国相对稳定的经济环境和金融体系将成为世界经济早日走出困境的希望所在，中国在世界经济体系中的重要作用和意义将获得广泛的关注和认同；其次，国内方面，中国政府投入了总额4万亿元的资金用于拉动内需、稳定经济。这充分体现了政府战胜金融危机的决心和信心，向世界展示了一个负责任的大国形象。

因此，从2009年开始，随着中国在国际金融体系中的影响力不断增强，中国的国际地位将全面提升，国际经济新秩序将在调整中逐渐确立。

综上，笔者认为，2009年虽然全球广告市场持续衰退的整体趋势不可避免，然而从中国市场来看，尽管外向型经济领域将受到较大冲击，但是在基本消费市场形势基本稳定、相关利好政策出台及时、国际品牌转战中国市场等有利因素的推动下,中国广告市场的产业发展空间依然充足,总体走势将保持稳定。

二、广告业面临的几个压力

虽然广告业的总体走势依然保持稳定,但是作为经济体系中的敏感性行业,2009年的中国广告业必然要面对微观环境变化而导致的压力,具体而言,主要有以下几个方面。

(一)广告主

1."中国制造"体系遭遇冲击

2009年,受世界消费市场疲软,海外订单减少等不利因素的影响,"中国制造"的市场份额将不断萎缩,我国东南沿海以出口为导向的产业集群将面临生存威胁,进而将直接影响中国广告业在国际舞台上的发展空间。

同时,由于企业经营失衡,2009年上述产业的广告预算将趋于保守,从而引发特定领域内广告发展空间的丧失。以材料行业为例,在全球价格下调、物流成本增加等因素的持续影响下,该行业的整体广告费用不断缩减,这势必对相关的广告公司和媒体产生连带影响。

2.广告投放呈现整体稳定、部分增长的态势

金融危机中企业的抗风险能力受到普遍重视,从营销费用上来看,企业将进一步强化预算控制,广告投放和营销支出的增长趋缓,新产品、新品牌的市场推广减少,而传统优势品牌的广告投放格局将呈现整体稳定、部分增长的态势。原因主要有两个方面:其一,广告已经成为企业应对危机的有效工具,广告主不会无限制削减广告预算,而是将制订更加理性的广告投放计划来不断刺激潜在市场,重塑消费信心,激活消费需求。其二,在拉动内需政策的作用下,基本消费品、快速消费品等市场的刚性需求依然稳定,相关行业的广告投放需求和企业营销预算将可能随之增长。2009年央视招标中，纳爱斯以3.05亿元[①]赢得"标王"的案例，在很大程度上显示了生活消费品企业的市场信心。

（二）媒体

1. 媒体经营格局凸显"马太效应"

刚刚结束的2009年央视"黄金资源"广告招标以92.5627亿元的总额再创新高，然而，对于强势媒体的追捧，是广告主在市场前景不明、营销费用有限的情况下进行集中、保守的广告投放带来的结果，并不意味着宏观经济形势的真正好转。在这种情况下，市场中大量的中小媒体则可能由于自身性价比不高、投资收益率较低等原因被企业忽视，从而形成强者愈强、弱者愈弱的媒介竞争格局。因此，2009年，稀缺性广告资源强劲的市场竞争力仍将保持。而市场中大量规模小、实力弱、分布散的中小型媒体则可能陷入经营困局，生存状况堪忧。

2. 新媒体产业增速放缓

2009年，新媒体产业的发展将有所放缓。作为一种开拓性、风险性巨大的行业，面对金融资本失灵和资金压力增加，新媒体产业原本"烧钱式"的发展模式将面临挑战，经营收入的衰减，将导致各种增值业务的推广受阻。就新媒体广告而言，随着广告主投放行为的集中化、理性化，新媒体领域的广告预算将被进一步稀释。

不容忽视的是，以新媒体平台为基础，基于数据库的一系列新兴营销模式一直是未来广告业的产业机遇和发展方向，故此，新媒体发展面临危机，也同时意味着广告业的拓展遭遇瓶颈。

[①] 杨冬，轩召强. 2009央视黄金资源广告招标总额达92.56亿元［EB/OL］.（2008-11-19）[2008-07-23]. http://finance.sina.com.cn/china/hgjj/20081119/16525527445.shtml.

(三)广告公司

1. 客户服务型广告公司备受青睐

面对经济动荡,2009 年市场主体自身创造价值能力的高低将直接决定其抵御风险的能力。对于广告公司而言,它们是否能够适应纷乱的局势,真正帮助企业渡过难关,将成为衡量其自身价值的核心。因此,优秀的客户服务型广告公司的市场地位和市场价值将大幅度提升。

2. 资金导向型广告公司收入缩水

2009 年,在广告投放趋于集中、中小媒体经营困难的影响下,资金导向型广告公司如媒介购买公司等流通型公司的发展将受到很大影响。资料显示,由于零售业和汽车业的客户推迟甚至取消部分广告计划,一些大型跨国媒介购买公司已经削减了 2009 年的全球广告支出预算①。

三、广告行业的几个调整

如上文所述,因金融危机不断蔓延而引发的消费市场变化和广告业微观环境变迁,将持续影响广告业的发展,为适应外在环境的变化,突破产业发展瓶颈,2009 年广告业将在以下层面有所调整。

(一)广告的精神层面会得到调整

从精神层面上而言,广告的灵魂是向消费者传播客观、有效的产品信息,引导消费行为。然而,由于产业增速过快,理论研究滞后等行业矛盾,当前广告业的发展状态依然表现得比较浮躁,无创意、少调研等理性缺失带来的问题始终困扰着产业发展。

---

① 预计今年全球广告支出降 6.9% [J]. 新闻记者,2009(5)49.

2009年，金融危机引发的市场变化，将给"广告业之魂"带来严峻考验。一方面，消费者的消费行为趋于理性，产品的实际价值将成为影响消费者购买行为的重要指标。另一方面，在市场空间不断萎缩的情况下，企业将真正从消费者的角度出发，通过把握需求、适应需求和创造需求，来全面实现自身的产业升级。因此，消费市场的环境变迁，需要广告业克服产业浮躁，适应消费模式的变化，用更高的服务水平来实现消费者与企业之间的有效沟通。

（二）广告的业务价值会得到调整

中国广告业复苏至今，一直依附于宏观经济形势快速发展的大环境上，从未经历过真正意义上的挫折。因此，当前的金融危机不仅能挤去金融行业的泡沫，对广告业的泡沫也具有净化作用。

就广告的业务价值而言，真正意义上的广告是科学与艺术的有机结合，而在广告业的发展历程中，过于偏重艺术、注重感性诉求的表现手法始终存在。随着当前广告产业整体受挫和消费市场的理性回归，2009年企业和消费者将以科学性和务实性为导向，更加全面、深入地衡量广告的业务价值。因此，广告业将进一步调整自身的业务价值，更加集中地传达企业价值，用自身的专业素质来服务社会、经济发展的需求。

（三）广告业的合作结构会向紧密型调整

所谓"患难见真知"，金融危机不但影响着广告业的发展趋势，同时也全面考验着广告业各主体之间的合作关系。面对经济环境的变化和竞争压力的加剧，企业、媒介和广告公司三者要么共同进退，要么互相拆台，要么更加紧密，要么分崩离析。面对巨大压力，2009年产业主体之间的相互扶持、共渡难关将成为克服危机的关键。对于广告业现有的合作结构而言，金融危机的作用犹如大浪淘沙，历经磨难，最终剩下的将是产业主体之间更加健康的合作关系、更加紧密的合作结构。这种合作关系的升级和合作结构的优化，将对完善广告业服务合作体系，解决"广告代理制的实施"等一系列产业基本问题具有促进作用。

（四）广告业进一步向规模化和整合化的方向调整

从 2003 年开始，以并购投资为重点的拓展方式逐渐成为跨国广告集团争夺中国市场的利器。以 WPP 为例，从 2000 年 10 月到 2007 年 10 月，该集团主导的并购共有 16 起之多，并购对象主要集中于广东博雅公关、上海广告公司、成都阿佩克思等国内优秀广告公司。

2009 年，为应对金融危机的巨大挑战，广告公司通过整合和重组来提升自身抗风险能力的需求将进一步旺盛，一系列企业重组和调整计划的全面启动，将推动国内广告公司市场结构变迁，市场中分布散、规模小的广告公司数量将大大减少，整合后的强势广告公司将通过优化自身的企业构成，全面提升自身市场份额，增强抗风险能力，广告业的规模化效应将进一步凸显。

四、结语

综上所述，2009 年，中国广告业将经历新世纪以来最为严峻的环境考验。一方面，金融危机对中国经济的影响不断深入，中国经济结构的调整和转型势在必行。另一方面，政府宏观政策的及时出台、中国市场价值的凸显和国际地位的提升，为中国广告业带来了新的发展空间，广告业总体发展趋势将保持稳定。然而，随着中国广告业微观环境的不断变化，广告主、媒体以及广告公司面对发展压力，将分别呈现出不同的发展态势。

因此，在发展空间和产业压力共生共存、相互作用的过程中，为适应外在环境的变化，广告业将在精神层面、业务价值、合作结构等层面进行相关调整，整合化、规模化将成为广告业抵御金融风险的有效模式。在此基础上，随着产业持续稳定发展，宏观经济中广告业的地位和作用将进一步提升。

中国广告观念三十年变迁与国际化[*]

随着全球广告业的发展，世界范围内已经形成了对广告社会意义的广泛认同。作为记录历史轨迹、折射社会发展的镜像，广告的多元价值在社会各领域不断展现、日益彰显。其中，广告观念的变迁是特定社会环境中多方力量共同驱动的结果，不同时期的广告观念具有鲜明的时代烙印。通过梳理广告观念的变化，可以洞察承载于其上的广告历史进程。

中国广告业的三十年历程中，改革开放带来的"国际化"变革始终与广告业的发展紧密相关。一方面，1978年至今（2009），从观念到实践的逐步开放是三十年来中国社会发展的核心驱动力之一，"国际化"也因此成为这一时代的主题，改革开放的三十年，就是中国国际化程度不断提高的三十年。另一方面，与其他国家不同，当代中国广告业在一个相对封闭的社会环境中复苏，起步于"一穷二白"的产业基础之上，"对外开放"政策带来的思想解放、物欲解放和文明开放为广告业的迅猛发展提供了丰富的营养。因此，我们有必要在中国国际化进程的宏观背景下，运用动态分析的方法，回顾当代广告观念的变迁，解读中国广告与国际化之间的互动关系。

一、1978—1991年，从封闭到初步开放中的广告观念变迁

1978年的第十一届三中全会上，邓小平同志用两个著名的论断："现在的

---

[*] 本文原刊登于《国际新闻》2009年第5期，作者丁俊杰、王昕，收入本书时略有删改。

世界是开放的世界"和"中国的发展离不开世界"①向世界庄严宣告了中国国家发展定位的转变。今天看来,这一观点的深刻意义在于首次明确地将中国的发展置于与世界相联系的历史逻辑中进行了客观分析,为中国"改革开放"观念的确立奠定了理论基础,标志着中国政治思想意识转型的开始。

"对外开放"观念的确立,为广告业的全面复苏提供了契机,随着《为广告正名》《办好人民广告事业》等一系列探讨广告作用和地位的文章陆续发表,社会对广告的认识从"资本主义市场兜售商品、欺骗顾客的行径"②转变为"一种传播经济信息的手段",③"社会主义宣传工作的一种形式,既要为建设社会主义的物质文明服务,又要为建设社会主义的精神文明服务"④。禁锢广告发展的思想束缚开始松动,广告业各主体的广告观念开始了全面重构的过程,展现出鲜明的时代特点。

(一)广告主的广告观念:广告是改革开放、经济发展的启蒙

1. 本土企业:对广告从漠视到依赖

1979年之前,沉寂已久的广告市场发展基本停顿,仅剩的十几家从事广告业务的美术公司经营规模非常有限。广告市场的瘫痪状态反映出企业对广告业务的漠视和淡忘。

企业对广告的漠视,源于计划经济体制下"凭票供应"的产品销售模式,它导致企业在产品、产量、渠道、销售等环节缺乏自主权和主导能力,因此也不存在开拓市场、塑造品牌的需求。

1979年之后,中国的市场结构逐步从以生产为导向转变为以消费为导向,企业在经济活动中的主动性日益提高,企业自主开发市场、寻找消费群

---

① 刘小力.坚持与发展邓小平的对外开放理论[J].社会主义研究,2004(6).
② 萧玉纶.为广告正名[N].人民日报,1984-07-24(8).
③ 国务院办公厅.关于加强广告宣传管理的通知,1985年印发.
④ 新华社.广告要为建设社会主义两个文明服务——国务院办公厅发出《关于加强广告宣传管理的通知》[N].人民日报,1985-11-24(2).

体的需求被逐渐激活，对广告的重视程度也与日俱增，"一条广告救活一个企业"的例子频频发生。本土企业广告观念从漠视到依赖的转变，仅用了几年时间，这折射出了特定历史时期社会整体经济环境变革对企业经营观念的深刻影响。

2. 海外企业：广告是拓展中国市场的探路石

改革开放之前，紧闭的国门并不能阻挡海外企业对中国潜在消费市场的向往。以大型跨国企业为代表的海外经济力量从未放弃过对中国市场的关注和期盼，随着"对外开放"政策的逐步实施，跨国企业开拓中国蓝海市场的野心最先在广告中表现出来。

1979年3月15日下午6点，在是否"出卖主权"的争论声中，上海电视台播出了当代中国最早的外商电视广告——瑞士雷达表广告。由于时间和制作等问题，这条广告采用了英文解说搭配中文字幕的方式，对于这种略显仓促的处理方法，瑞士雷达表中国区副总裁郑世爵表示："我们意识到了中国市场的广阔。应用了争做市场第一人的'第一品牌'理论，希望用较少的资源和时间建立很高的品牌知名度。"[1] 广告播出后，3天内就有700多人到上海黄浦区商场询问雷达表。广告"助推消费、激活市场"[2] 的作用得到了初步印证。

雷达表抢占市场先机的战略，一方面体现了中国市场开放的政策在国际上产生了巨大的影响力，另一方面也为中国本土企业广告观念的激活提供了借鉴和思考。

继雷达表的成功先例之后，日本精工、松下电器、可口可乐、达能、雀巢、联合利华、摩托罗拉、麦当劳、柯达等众多外资企业充分运用广告这一当时尚属新鲜的营销手段在中国市场上攻城略地，五光十色的外商广告记录

---

[1] 佚名.雷达表——第一个做广告的外国品牌［EB/OL］.(2006-07-12)［2009-03-27］.中国营销咨询网 http://www.51cmc.com/article/20060712006073113010 01840.shtml.

[2] 丁俊杰，黄河.观察与思考：中国广告观——中国广告的产业定位与发展趋势之探讨［J］.现代传播，2007（4）.

着中国对外开放程度不断提升的步伐，也影响着中国本土企业广告观念的发展变化。

（二）媒体的广告观念：广告是媒体的一种创收方式

1979年之前，对于长期集中于政治宣传的媒体经营单位而言，经营广告是一项有一定政治风险的违规行为。随着政策环境的变化，媒体将广告业务视为增加额外收入的一种创收方式。第一条报纸广告刊登前，时任《天津日报》总编辑的石坚曾在1978年年底的一次报社大会上提出要为职工谋福利，解决职工的房子问题；而要解决住房问题，就要挣钱盖房子；要挣钱，就要恢复工商广告。

今天看来，这条当时费用仅700元的蓝天牙膏广告已经成为中国经济转型的一面旗帜。香港《大公报》曾敏锐地评论道："广告的出现犹如一声长笛，标志着中国经济的巨轮开始起航。"①

（三）广告公司的广告观念：所有制结构的多元化带来广告观念的差异化

中国广告复苏之初，中国从事广告业务的机构只有十几家美术公司，从业人员、经营范围都非常有限，随着广告实践活动的深入，1979年至1991年间，在政策环境变迁和经济开放程度的推动下，各种类型的广告公司陆续出现，经历了从单一到多元、从区域到国际的经营模式发展变迁。

从1986年开始，以经济建设为中心，加快对外开放步伐，成为国家发展的主导思想和政治意识的核心。同年，国务院发布《关于鼓励外商投资的规定》，鼓励外国投资者在中国境内开设中外合资经营企业、中外合作经营企业和外资企业。

政策的利好和广告市场的繁荣，直接加速了广告经营单位所有权的变化，

---

① 田乾峰.改革开放30年：广告业逐步复苏走向繁荣［EB/OL］（2008-12-17）［2009-03-24］.http://news.xinhuanet.com/politics/2008-12/17/content_10515661.htm.

过去以国有或集体所有制为主的单一结构开始向包含了外资和民营所有制的多元化结构转变。跨国广告公司开始进入中国,拉开了国际观念和本土观念相互影响的序幕。

在这种环境下,当时的广告公司集群可划分为三个观念迥异的阵营。

其一,代理国际品牌的跨国广告公司进入中国,带来了全新的国际化广告观念。西方的广告理论、经营模式、创意趋势在整个广告业界以燎原之势迅速蔓延。

其二,从1988年开始,随着品牌意识的觉醒,国内以国安、三九为代表的企业纷纷成立自己的广告公司来负责自己企业的广告,这些广告公司眼中的广告主要集中于本企业的品牌宣传,被当时的广告界称为"御林军"广告公司。

其三,这一时期,本土原始的广告公司开始出现,"十几个人,七八条枪"的队伍,在跨国广告公司和"御林军"广告公司的夹缝中生存。对于他们而言,当时所谓的广告,就是以足够的胆量和想象力,提出有足够冲击力的点子。

二、1992—2000年,全面对外开放进程中的广告观念变迁

1992年,邓小平南方讲话结束了市场经济"姓社姓资"的争论,明确了建设有中国特色的社会主义市场经济发展方向。中国经济结构开始从商品经济向市场经济过渡。中央决定扩大对外开放领域,形成了沿海、内地大开放的格局。同时,我国政府鼓励扩展外商投资领域,使对外开放扩展到基础设施等诸多领域,并允许外商、外资进入第三产业,中国的对外开放进程掀起了另一个高潮。

伴随着对外开放进程的全面加速,广告产业的整体规模进入高速增长时期,1992年至1994年,广告营业额平均年增长率达到80.1%;广告经营单位平均年增长55.9%;广告从业人员数量平均年增长45.9%。[①] 在产业高速发展的同时,广告观念也在不断更新和变迁。

---

① 根据原国家工商总局发布的历年广告业统计数据整理。

（一）广告主的广告观念：广告是走向国际、繁荣贸易的加速器

1. 广告是本土企业走向国际的助力器

高速增长的中国经济环境中，具备一定市场竞争力的本土企业开始了"冲出亚洲，走向世界"的国际市场开拓，广告成为本土企业走向国际的助力器。1995年中国三九集团斥资数百万美元，将三九胃泰的巨幅广告投放到了美国时代广场，此举无疑显示了本土企业在开拓国际市场的探索中对广告的高度重视。

2. 广告是中外贸易交流的助推器

随着政府对外国商品广告限制的放宽，这一时期中外经济贸易交流进一步深化，广告对中外经济贸易交流发挥了重要的推动作用。据统计，仅1993年外商来华广告营业额就达1.6亿元人民币。外商广告的大规模增长，意味着中国市场从封闭转向开放，商品构成从单一转向多元，消费选择从简单转向多样。在此过程中，外来的营销理论、经营模式开始涌入中国，为探索中的广告业提供了各种理论范式，中国企业的广告观念也开始了迅速西化的历程。

（二）广告公司的广告观念：广告是"外来理论"指导下的"本土实践"

如前文所述，跨国广告公司在中国市场的拓展始于20世纪80年代，从1992年开始大规模进入中国，截至1998年，奥美、盛世、李奥贝纳、智威汤逊、达比思、电通、博报堂等世界知名广告公司均在中国建立了合资公司，中外合资广告公司数量超过500家。

1992年至1998年，跨国广告公司短时间内的大规模涌入，对中国广告观念的发展产生了复杂而深远的影响。

首先，这一时期，跨国广告公司是本土广告公司争相学习、模仿的榜样。本土广告公司遵循的营销理论和指导方向大部分来自跨国广告公司，对西方

营销理念的追捧成为本土广告从业人员展现专业素质的重要方式。以 CI 战略为例，1994 年 8 月首届中国企业 CI 战略推广研讨会召开，以广东企业为代表的本土企业集群在全国掀起了一股"CI 热潮"，这充分显示了当时中国广告业界对于外来营销理论的热情。

国际主要跨国广告公司进入中国市场时间表①

跨国公司	国内合作机构	合资公司名称	成立时间		
			北京	上海	广州
电扬	中国国际广告公司	电扬广告有限公司	1986	1989	1992
奥美	上海广告有限公司	上海奥美广告有限公司	1993	1992	1993
BBDO	中国广告联合总公司	天联广告有限公司	1992	1992	1992
麦肯	光明日报社	麦肯·光明广告有限公司	1992	1992	1992
Grey	国安广告公司	精信广告有限公司	1992	——	1993
盛世	长城工业公司	盛世长城广告有限公司	1992	1994	1992
DDB	北京广告公司	恒美广告有限公司	1992	1993	1993
电通	大诚广告中国国际广告公司	北京电通广告有限公司	1994	1995	——
博报堂	上海广告有限公司	上海博报堂广告有限公司	1998	1996	
李奥贝纳	韬奋基金会	李奥贝纳广告有限公司	1995	1994	1992
智威汤逊	——	智威汤逊·中乔广告有限公司	1989	1991	1992

其次，由于本土广告公司发展基础相对薄弱，市场实践经验匮乏，往往难以甄别外来营销理论的适用性，在与国际先进营销理念接轨的同时，理论应用层面的"标签化"问题也影响着本土广告公司的运营，冲击着刚刚成型的广告观念。

最后，跨国公司带来的国际化广告观念，是经过发达国家的市场检验的理论体系，在中国的特殊市场环境下，这些理论的普适性面临着巨大的考验。

---

① 卢泰宏，何佳讯. 蔚蓝智慧［M］. 广州：羊城晚报出版社，2000：401.

因此，在具体的市场实践活动中，长期存在着本土广告观念与国际广告观念在相互碰撞中彼此融合、共同发展的态势。

（三）媒体的广告观念：广告是媒体的产品，是媒体经营的支柱

1. 广告是媒体的产品

伴随着广告产业总量的高速增长，媒体广告日益产品化，综合性广告业务体系逐渐成形，专业化广告部门开始成立，媒体的广告经营理念不断更新、服务意识显著提升。1994年，中央电视台"黄金段位"广告招标模式掀开了媒体广告经营理念从"坐商"到"行商"转变的新篇章，标志着广告活动中媒体与广告主的联系不断加强，广告产品的设计和服务水平更加契合市场需求。总之，这一阶段媒体广告观念的转变，既体现了广告在媒体经营中的地位不断提升，也展现出了广告经营理念的更新，归根结底是中国广告市场成熟度不断提高的表现。

2. 广告是媒体经营和发展的支柱

在中国市场经济迅猛发展的环境下，自20世纪90年代开始，媒体经营者的广告观念发生了从"创收方式"到"经营支柱"的定位转变。截至1994年，全国广告营业额超过200亿元人民币，连续三年保持了增长55.88%、45.85%和80.11%的产业增速。① 广告收入对媒体经营的重要程度日益凸显，媒体对广告经营的重视程度不断提高。因此，如何在竞争日趋激烈的市场中最大限度地争夺广告主、开发广告资源，成了媒体经营的核心。媒体强则广告强、广告强则媒体强，成为这一时期广告经营的真理。

---

① 根据原国家工商总局发布的历年广告业统计数据整理。

三、2001年至今（2008），国际化进程不断加速中的广告观念变迁

2001年11月10日，世界贸易组织第四届部长级会议上，与会国家全体协商一致，审议并通过了中国加入世贸组织（WTO）的决定。期盼已久的中国人在卡塔尔首都多哈圆了"入世"梦想。

WTO代表的是国际通用的游戏规则，加入WTO意味着中国从观念到市场更全面、更彻底的开放，是中国对外开放的里程碑，体现了中国国际化程度的不断提升。在这种宏观背景的影响下，广告产业主体的广告观念变化也展现出更加鲜明的国际化特色。

（一）广告主的广告观念：广告是本土企业国际进取精神的载体

国际化的经营理念、世界范围内的市场需求，极大地加速了中国企业向外拓展的步伐。在"中国制造"行销世界的同时，广告成了中国企业全面走向世界、打造中国品牌的首选手段，在世界舞台上大放异彩。

继1995年中国三九集团将三九胃泰的巨幅广告投放到美国时代广场之后，海尔集团的广告和产品展厅又在2003年分别进驻了日本东京银座、曼哈顿原格林尼治银行大楼，青岛啤酒的广告也在美国数个城市的几千辆出租车上安家落户。全球遍地开花的中国广告，不但传播着"中国制造"的产品信息，同时也承载着中国企业向世界市场进军的雄心壮志。

2008年的奥运会，中国再次成为世界的焦点，在这一国际盛事孕育的无限营销契机中，我们惊喜地看到，中国企业和国际企业共同参与、共同博弈的局面已经成形。规模巨大、形式多样、媒体覆盖范围广泛的广告满载着中国企业的品牌、产品和理念，向全球广泛传播。广告，已经超越了企业营销的范畴，成为一种承载着国家形象、经济水平和民族精神的介质，宣传着中国，影响着世界。

（二）媒体的广告观念：广告是信息，是先进技术的集中体现

数字传播技术催生的新兴媒体层出不穷，为广告业搭建了新型传播平台，也推动着媒体广告观念的变化。

1. 广告是"媒体信息化"的重要表现

在以互联网为代表的新媒体传播活动中，受众的主动选择性得以充分发挥，搭载于其上的广告从单向传播转变为与受众的双向"对话"，媒体与信息实际上已经无法分割，广告传播方式的变迁直接体现了"媒体信息化"趋势，表现了广告业向信息服务业的过渡进程的加速。

2. 广告成为新媒体、新技术的交汇点

以互联网、手机、数字电视等为代表的新兴广告媒体平台的成形，为广告公司在营销活动中细分市场、实现精准传播奠定了基础，基于数据库的一系列营销手段促进了广告传播模式的更新；移动媒体、数字电视的逐渐普及，使根植于其上的个人信息平台、家庭信息平台等概念也随之演进，为广告业提供了除传统媒体形式之外的广阔开拓空间。在新媒体广告价值开发和新兴广告渠道成形这一形势的推动下，媒体经营者将广告打造成了新媒体、新技术的交汇点，广告方式的更新，直接体现了传媒技术的进步。

（三）广告公司的广告观念：从"模仿与追随"转向"独立与合作"

随着中国经济的国际化，市场竞争环境日益严峻，跨国广告公司的权威地位被打破，本土广告公司的广告观念从对跨国公司运作模式、营销理念的"模仿与追随"转变为立足于具体环境，充分发挥自身优势的"独立与合作"。

新世纪以来，我国广告公司的专业化程度不断提高，"小而杂、小而散"的格局逐渐向"小而专""小而精"的方向转变，本土广告公司凭借着自己在区域市场中的优势，在一定程度上扭转了与外资广告公司的竞争劣势，推动了国际广告公司与本土广告公司的关系从竞争走向联合。以并购投资为重

点的拓展方式逐渐成为跨国广告集团争夺中国市场的利器。以 WPP 为例，从 2000 年 10 月到 2007 年 10 月，该集团主导的并购共有 16 起之多，并购对象主要集中于广东博雅公关、上海广告公司、成都阿佩克思等国内优秀广告公司。[①]

在这种广告观念的引领下，金融危机中，广告公司依托自身优势，通过合作与重组来提升自身抗风险能力的需求将进一步旺盛，国内广告公司市场中分布散、规模小的广告公司数量将大大减少，整合后的强势广告公司将通过优化自身的企业构成，全面提升自身的市场份额，增强自身的抗风险能力，广告业的规模化效应将进一步凸显。

四、结语

中国广告三十年的发展历程中，对外开放政策和国际化趋势对广告业的发展影响深远，广告业各主体广告观念的变迁，折射出的是中国广告业国际化程度的不断提升和国际化进程的持续加速。现阶段，本土广告观念和国际广告观念相互融合、彼此推进的态势已经成形，未来的中国广告观念将在国际广告观念和本土广告观念的交流中进一步变化、进一步成熟。

---

① 丁俊杰，王昕. 2009 年，中国广告业的空间与理性[J]. 新闻与写作，2009（1）.

战略层面的广告考量与发展视阈的广告监管*

近年来,学术界对于广告产业转型和发展的讨论非常热烈,关于广告监管滞后的忧虑也屡见不鲜。笔者认为,无论思考广告业的转型,还是探讨广告监管的改革,都必须首先正视当前制约中国广告业发展的四个基本问题,只有厘清这些基本问题,才能客观、清晰地从宏观的战略视角来思考中国广告业。

一、关于中国广告业的四点思考

从1979年至今,广告从一个年营业额仅1.25亿元的依附性产业发展到现在规模超过3000亿元的综合性产业,实现了快速勃兴。然而,一些产业发展中的基本问题并没有因为规模的快速增长而自行消失,反而随着社会环境和产业环境的日趋复杂而不断凸显,成了制约广告业战略转型和长远发展的瓶颈。笔者认为,当前实施国家广告战略,突破点更应该从这些问题谈起。

问题一:广告业有市场规模,无行业准确数据

根据国家工商总局统计中心公布的数据,2011年中国广告经营总额达到3125.56亿元,比2010年的2340.51亿元增长了21.8%,广告行业保持了快速稳定的增长。但令人费解的是,据《北京日报》的报道,2011年仅北京

---

* 本文原刊登于《中国工商管理研究》2012年第10期,为丁俊杰在"创新发展高层研讨会"上的专题发言,收入本书时略有删改。

地区广告业就已达到 2000 亿元的规模；另外，据 2012 年中国广告产业发展高峰论坛发布的数据，北京 2011 年广告经营额达到 809 亿元，占全国比重的 20%。上述数据都来自官方公布，却相差极为悬殊。

基础不牢，地动山摇。产业统计数据的混乱，折射出的实质上是中国广告业内在环境的复杂性。我们知道，如果一个市场在统计指标、统计数据上存在问题，那么这个市场的稳定性、可持续发展性、基础性也就存在问题。对于一个行业而言，准确的数据更是描述一个行业发展状况和成熟程度的基础要素，与此同时，数据的准确性也是中国广告业发展需要面对的第一个问题。

问题二：广告业有职业资格，无行业尊严

在我国，近两年，由国家工商总局和人事部组织的广告专业技术人员职业资格（水平）考试已经成为广告行业从业资格的认证考试。众所周知，在中国并不是任何一个行业都有此类资格认证的专项考试。引入资格认证机制，从一个侧面说明了广告业在国家、社会中地位的重要性和认可度。但是，我们应当理智地看到，广告从业人员的职业尊严和从业自豪感并没有因此而提升。具体而言，广告业的行业尊严缺失，主要体现在以下两个方面：

其一，在中国很少有权威人士和机构来为广告说好话。笔者对《人民日报》1979 年 1 月 1 日至 2007 年 4 月 10 日登载的 1000 余篇关于"广告"的文章进行统计分析后发现，长期过多地强调局部而忽视整体、注重负面报道而鲜有理性鼓励竟然是这一主流媒体对"广告"的主要报道倾向。从社会层面上来看，广告从某种意义上来说甚至是"垃圾堆""出气筒"或"替罪羊"。

其二，许多企业和媒体，吃广告，靠广告，但是关键时候却把广告当作"出气筒""替罪羊"。众所周知，广告是媒体经营的支柱，广告收入是媒体得以生产和发展的主要经济资源。就算是中央电视台，如果没有广告，也不可能发展到今天的地位和规模。但是，我们通过一个简单的例子就能看出媒体对广告的态度：今年（2012）中央电视台的代表（这绝对不是他个人的观点，代表的是中央电视台）在《新闻联播》节目中向社会宣布，为了体现国

家大台的社会责任，为了给观众提供艺术水平比较高的春节文艺晚会，中央电视台决定在当年的春晚节目中不播出广告。诚然，做不做广告是媒体的权利，本身无可厚非。但将做不做广告与晚会的艺术水平和公众的满意度，甚至与国家大台的社会责任联系起来，本身就体现了媒体对广告价值认识和判断的不公正。又如，重庆卫视取消广告的时候，有位人大代表表示，媒体就应该取消广告，以保证新闻的客观真实。这个观点非常荒谬，有没有广告，本身与新闻的客观真实没有关系。但是许多所谓的权威人士往往偷换概念，把广告当作"替罪羊"，广告甚至成为他们在各种场合发言和哗众取宠的"出气筒"。

问题三：广告业有行业标准，无专业边界

虽然我们引入了广告业从业资格考试机制，但不可回避的是，中国广告业依然存在行业门槛较低、人员队伍混乱的问题。造成这一问题的原因是多样而复杂的，其中，既包括广告行业本身边界不明显的问题，又包括各种关系相互博弈的影响，还存在非专业人士通过一些不正当的手段染指广告业的现象。长远来看，这个问题的妥善解决，是广告业持续健康发展的关键。

问题四：广告产业有行业生存基础，无顶层设计框架

近代中国广告业发端于商品社会的萌芽阶段，随着中国社会形态的变化而几经沉浮，出身民间、以市场草根为原动力的发展基础，导致了中国广告业缺乏主动设计，始终处于被动的、被承认的过程。"为广告正名"始终是广告学术界的一个重要课题。相比较而言，美国的广告业从诞生之初就被作为重要的经济推动工具，发轫于主动的顶层设计，甚至被认为是推动美国经济发展的因素之一。

笔者认为，宏观的顶层设计对于中国广告业而言非常重要。近期，国家工商总局提出了"国家广告战略"这个概念，这意味着中国广告业在发展30年之后，终于真正开始做顶层设计。常言道："细节决定成败。"其实这句话之前还有两句："方向决定命运","战略决定生死"。如果一个行业顶层设计缺失,仅仅依靠细节和市场的基础条件是很难做好的。因此,笔者认为,目前由国家工商总局主导进行的广告产业顶层设计,是非常好的一个概念,也可以看作中国广告业具有里程碑意义的举措。

除了上述列举的四个问题之外,广告行业存在的诸如有操作技巧、无作业规律,有规则、没底线等问题也值得我们关注和思考。行业的底线是多方面的,有道德底线、法律底线和文化底线等。虽然广告行业的规范有法律规定,但实践操作中突破法律的现象司空见惯。例如,夜间各地广播电台的广告,它们当中很多明显违反法律,却依然大行其道。文化底线更不必说,中华文化、传统文化、主流文化,在广告当中受到糟蹋的比比皆是。此外,被破坏的还有广告行业的生态底线,恶性竞争、不讲规则等现象在行业中大量存在。广告行业的底线缺失,还体现在从业人员数量庞大,但专业人才极其缺乏上。目前,全国有三百多所院校开办了广告专业,但是跟美国等发达国家相比,中国广告专业的突出现象就是缺乏顶尖人才和大师。而美国、日本等发达国家之中,领军人才和大师是一个最突出的标志。在这一层面,中国广告专业人才分布形同散沙,处于低层次存活状态。

综上,我们可以得出以下几个结论。其一,当前中国广告业基本上以业内自话自说为主,缺乏与社会之间的良好互动、互通。社会、决策层乃至政府高层对广告往往存在很多误解。其二,缺乏从经济社会文化,乃至政治发展等重大战略层面思考、认识、部署广告业的宏观考量和发展,而仅仅将广告作为一个依附性行业、寄生性行业。

广告是现代社会大系统的一个重要组成部分。一个不能善待广告的社会,其"现代"性是绝对要打折扣的;一个不能善用广告的社会,其"发达"程度还是有问题的。1992年,我国明确开始实行社会主义市场经济体制,广告是市场经济体系的组成部分之一,如果广告体系不健全,市场经济体系也必然是支离破碎的。因此,当前我们探讨广告的问题,不止是市场与消费的问题,也同样是一个关乎全社会发展的重大问题。

二、战略层面的广告考量

经过上文的分析,可以看出,从战略层面来思考广告业,必须要在正视广告业发展基本问题的基础上,才能更为清晰地讨论广告的价值、作用和意义。笔者认为以下问题值得思考。

1. 广告与当前多项国家战略密切相关

国家广告研究院成立后,我们针对农村进行了关于生活习惯的调查。发现农村人日常生活中的文明习惯(如刷牙)主要是从广告当中学来的。换言之,在落实缩小城乡差距这一国家战略中,广告发挥着非常重要的作用。在传递生活智慧、培养生活习惯、传播日常知识的层面,广告比那些所谓的新闻报道的作用更为直接和有效。

2. 广告是政府与国际沟通的"世界语",是国家品牌对外推广的重要支撑

2008年,中国经历了举世关注、令国人万分悲痛的汶川大地震。与之类似的是,2011年日本也发生了3·11大地震。如果比较一下两次地震后中国政府与日本政府在利用广告方面的差异,就会发现,我们在"善用广告"和"善待广告"方面存在着很大差距。5·12大地震发生以后,全球的目光都在聚焦中国,我们却忽略了这一与世界沟通的极好机会,并没有运用广告的沟通手段,而是更多地依靠传统新闻报道进行简单的灾情发布和介绍。

反观日本,3·11大地震之后,日本首相菅直人在第一时间借助广告在全球主要媒体上与世界沟通。菅直人在广告中说:"一碗热汤、一条毛毯,给予处于寒冷中的身心提供了一份温暖。搜救队奋力地在街道的瓦砾堆中找寻同胞。医疗队忘我地为受伤的身心提供治疗……"最后他说:"日本必能重生、复兴、更加繁荣昌盛,依靠国民的潜力与国际社会的协助,一定能够实现。届时将报答世界各方人士的温暖援助。为了这一天的到来,我们万众一心,

投身重建,把对朋友们的衷心感谢化作希望,再次道一声谢谢。"中国的《人民日报》于 2011 年 4 月 11 日全文刊登了这则广告。

需要反思的是,汶川大地震、甘肃舟曲泥石流灾害发生后,当世界注目中国的时候,中国的广告却是缺位的,这表现出我们政府广告意识的淡薄。而日本地震五个月之后,日本政府又请了八位普通的市民向国际公众讲述正日趋复兴的日本。半年以后,日本政府又出资发布旅游广告,通过普通的日本国民向世界展示朝气蓬勃的北海道、各处美景、各路美食,搭配无数动人的笑容,来激活灾后低迷的旅游市场。

另外,我们的媒体经常批评外国媒体对中国领导人的发言断章取义。实际上,解决这一问题非常容易,只需要做一个广告发布在权威媒体上,对方无权删减。2012 年,泰国总理英拉来华,除了正常报道以外,通过在《人民日报》上刊登广告,把泰国人民对中国人民的问候、对中国的感觉和泰国的状态充分、清晰地表现了出来。这就是广告独有的力量,是新闻报道不能替代的。因此,从这个层面而言,广告在国际沟通中的作用远远被我们低估了。应该强调,那种认为广告是寄生性产业、依附性产业,却认不清广告对经济的促进作用,对社会的引领作用,对文化的修补作用,对国家形象的推广作用等观点是片面的,也是短视的,甚至可以说是盲目的。当前中国"大国不大,大国不强"的问题体现在多个方面,其中广告也是短板之一。

3.广告是支撑大国品牌梦想的基石

此外,需要强调的是,从国家战略层面而言,品牌实力是国家综合实力的重要体现。有观点认为,美国的强大并不是军事强大,而是有强大的品牌,全球的十大品牌主要在美国。中国历任领导人都强调过中国品牌强国的战略思想。毛泽东说:"我们要有自己的品牌,我们要让全世界听到我们的声音。"邓小平强调中国要创造中国自己的名牌,否则要受人欺负。这些伟人都是有远见的。此后,江泽民和胡锦涛也分别提出要"立民族志气,创世界名牌"和"加快培育我国的跨国公司和国际的知名品牌"。

然而,现阶段中国的产品出口与广告输出不同步的问题,不但造成了在国外的市场上中国只有产品，没有广告，更意味着中国没有国际知名的大品牌。只有善待广告、善用广告，历代伟人的殷切期许和中华民族的国家品牌梦想才能够实现。

4. 广告已经成为多元综合的复合型产业

第一，作为知识性的服务业，广告是现代服务业的重要组成部分，是实体经济发展的"巧实力"。第二，作为支柱性的文化产业，广告是文化产业的主要组成部分。文化产业已经上升到我国国家战略层面，但是如果离开广告，文化产业作为支柱产业的地位就难以实现。第三，作为先导性创意产业，广告是创意产业的旗帜和先锋。优秀广告作品的创意过程和制作技巧，凝聚和体现着创意产业的前沿技术和思想精髓。

综上，广告业是知识性的服务业，是支柱性的文化产业，是先导性的创意产业，这样一个多元综合的复合型产业，理应有自身的独立身份。

三、发展视域的广告监管思考

在从战略层面分析了广告业之后，我们还应该看到，当前广告业的生态系统和业务链条正在经历全面的更新和深刻变革。其中，既有广告内容和广告组织的变化，又有广告思想和广告受众的变化[①]。这些变化的环节相互博弈、彼此影响，形成了新的广告生态系统，作为广告行业逻辑结构当中的一环，随着产业环境和管理对象的迅速更新，传统广告监管的思维和方法亟待改进。

笔者认为，在这一背景下，我国广告监管的核心问题在于：用一种滞后的手段管理着一个创新多元状态的行业。这个行业每天都在变，行业主管部门必须能够清晰判断行业的发展趋势。例如，媒介环境的演变直接影响着广告产品形态的变化。我们看到，新媒体领域，有多少媒体应用，就会出现多

---

① 关于此问题的具体论述，可参看丁俊杰、王昕. 媒体生态环境变迁与广告传播思想展望[J]. 新闻前哨，2011（1）.

少广告形态。此外,媒介环境的演变,直接影响着广告主的营销战略和媒体选择,以"按效果付费"为核心的精准营销和以凡客和小米为代表的病毒式营销为广告主带来了新的营销思想,更新着广告业的产品规模和销售方式。这种日趋复杂的广告传播流程和业务环节,决定了行业主管部门不能采取过去"单打一""一刀切"的简单管理模式。所以,国家工商总局能够从研讨的角度来理清广告管理的工作思路,可谓恰逢其时。

还应注意到的是,当前我国广告管理的手段、方法还缺乏灵活应变的机制。例如,美国的广告管理体制是"司法、行政、行业自律"三驾马车结构,板块非常清晰,它们各司其职。中国广告管理体制改革应当在分析自身状态的基础上,充分吸收先进经验。笔者认为,完善我国广告监管的可行性路径可以归纳如下:第一,立足现实,提炼经验;第二,立足行业,超越行业;第三,借鉴国外,但不能照搬照抄。

实现这一目标的关键是从广告监管系统层面下功夫,改变过去保姆式的管理方式,站在全方位、全系统、全流程的管理视角,加强新形势下的广告管理。

在管理体制层面,应该进一步完善政府主导、多元参与的广告管理体制,政府主导企业、媒体、广告公司和社会;社会的概念包括消费者协会、各种环境因素以及广告圈之外的人,形成刚性与柔性相结合、治标与治本相结合、服务与管理相结合的机制,最终形成结构上互动、功能上互补、机制上互联的局面。只有这样,广告业监管才能适合当前行业快速更新和发展变化的新要求。

同时,广告监管中的另一个重点问题就是创造平衡,我们要用一种辩证的思维加强监管。笔者认为,这种平衡,首先是包容与打击相平衡:一手包容,一手打击。哪些该包容,哪些该打击,必须首先明确。其次是扶持与抑制相平衡:对广告一线的从业人员一定要扶持,对存在的问题要坚决遏制。例如,如果罚款的抑制力度不够,就可以考虑停止媒体广告刊播权的处罚方式,提高违法成本,增强管理和处罚的威慑力。最后是树立广告管理的超前意识,注重规范与引导平衡、现实与预期平衡。

综上，广告监管是一种服务、协调、组织、监控的过程和活动。言其是过程，就是要明确广告管理不是静态的；言其是活动，就是要强调广告管理有主体、客体，是一个多元参与的结构。所以，未来的广告管理改革，一定要改变过去"单打一"的管理方法，灵活运用研讨型、评议型、协商型、服务型多种方式，建立立体的、柔性的、多元相继的广告管理新机制。

论广告批评的基本内涵和体系构建*

自笔者第一次提出"广告批评"至今（2009），已历十数年，广告批评仍没有引起足够的关注和重视。虽然某些广告专业杂志上开设有一些相关栏目，如《国际广告》的"广告争鸣"栏目、《中国广告》的"广告批评家"栏目，但是这些广告批评都是比较零散的，还没有形成绝对的影响力量。

说远一点，可以这样判断，任何事物、任何行业，要想健康地发展，都离不开"批评"这个环节和要素。文学如此，电影如此，音乐如此，就连政治与政党也是如此。毛泽东在《论联合政府》中说：

> 有无认真的自我批评，也是我们和其他政党互相区别的显著的标志之一……对于我们，经常地检讨工作，在检讨中推广民主作风，不惧怕批评和自我批评，实行"知无不言，言无不尽"，"言者无罪，闻者足戒"，"有则改之，无则加勉"这些中国人民的有益的格言，正是抵抗各种政治灰尘和政治微生物侵蚀我们同志的思想和我们党的肌体的唯一有效的方法。①

政党尚且如此，广告作为一个行业亦应当如此。笔者认为，广告业界、学界应当共同努力，让广告批评更有影响力。但究竟何为广告批评，这本身就是一个值得研究和讨论的问题。

---

* 本文原刊登于《山西大学学报（哲学社会科学版）》2009年第4期，收入本书时略有删改。
① 毛泽东文选 第三卷 [M].北京：人民出版社，1967：1096.

一、广告批评的基本内涵

顾名思义,"广告批评"包含了两个关键要素:一是对"批评"的理解,一是对作为批评对象的"广告"的界定。

先说"批评"。"批评"是一个让人敏感的词。一提到批评,人们通常习惯将其与"否定"画上等号。而根据《现代汉语词典》的释义,批评并不必然就是"指责"和"否定",还有"指出优点和缺点;评论好坏"的含义。① 雷内·韦勒克在《批评的概念》一书中也指出,"批评"一词的应用范围非常广泛,从最平常到最抽象的用法,从评论一个词或一个行为到评论政治、社会、历史、音乐、艺术、哲学……由此可见,"批评",不仅有"批",还侧重于"评"。也就是说,批评本意是一种分析性的见解,臧否功过,评论得失,既挑刺,又栽花。② 需要特别指出的是,当批评专指对缺点和错误提出意见时,一般可以和"批判"通用。后者通常指"对错误的思想、言论或行为做出系统的分析,加以否定"③。

事实上,在广告领域,批评的精神是非常必要的。按照"批评"的含义,我们可以把批评分为两类:

一类是肯定性的批评,这是对广告行业的肯定和正名,在当下是十分急需的。2007年,我们在对国内的主流媒体《人民日报》1979年1月1日至2007年4月10日登载的1000余篇关于"广告"的文章进行分析统计后发现,长期过多地强调局部而忽视广告的整体运作,过多地侧重传播而忽视广告的经济作用,过多地批评、否定而少有积极的肯定,过多地偏重监管而鲜有有效的引导——这竟然是这一主流媒体对"广告"的主要报道倾向。广告业对市场经济的贡献没有得到应有的关注,而缺乏公正而全面的舆论环境又使广告业面临经营拓展受限(如对"医药广告"的限制)、创新升级受阻(如

---

① 郭瑾.广告批评的弥散化与整合[D].中国传媒大学博士学位论文,2008:10.
② 王君超.媒介批评——起源·标准·方法[M].北京:北京广播学院出版社,2001:2.
③ 杨寄洲,贾永芬.1700对近义词用法对比[M].北京:北京语言大学出版社,2005:909.

难以进行规模化的创意生产）和政策支持缺位（如监管力度与引导支持的巨大落差）等重重困境。另外，广告业的公信力问题、广告效用问题等，也都需要肯定性批评的力量。

另一类是反对性的批评，这是广告行业健康发展的助力。文学作品中，那些胸怀开阔的、善于倾听批评意见的作家，正是借助反对性的批评来发现自己创作中的问题，警觉地避开被过于膨胀的自我意识遮蔽的盲区和陷阱的。然而，即使在文学领域，这种反对性的批评力量在我国也相对弱小。因为，在我们国人的文化性格和心理中，占上风的是中庸之道，公允执中的"心境"和乐道人善的"气质"。国人奉行"言多必失"的原则，妥协、折中、明哲保身，在我们的生活中具有主宰性意义。但这对于刚刚发展起来的广告业来说，对于还没搭建起来的广告批评来说，则更加危险。目前，已有的广告批评，具有多、散、杂、匿的特点，大部分关注的是表层。因此，我们还需要把问题研究得更为深入，从而使广告批评研究的脉络更为清晰。

论及"批评"，还有一点需要提及的是——批评者。广告界内，一直存在着科学与艺术之争。无论力量偏向何方，对广告的批评都应秉承"客观公正"的精神。卡尔·科恩（Carl Cohen）是美国密执安大学哲学教授，他有一本书叫《论民主》（商务印书馆，2004），是一本政治哲学著作，本书系统地阐述了什么是民主，民主的前提、手段、条件，对民主的价值的辩护和证明以及对世界范围内民主的展望，论述朴实而深刻。其中，他说，一个信仰民主的人，应该培养这样一种"心境"，即在实践中绝不认为任何有关事实、主义或道德原则的见解绝对正确、无改善的余地。[①] 笔者认为，他的观点完全可以移植到广告上来。对广告批评来讲，民主的"心境"无疑也是真正的批评者应该具备的内在素质。

再说"广告"。"广告"，其定义也是多种多样的，仁者见仁，智者见智，因时代不同、视角不同会有所差异。作为批评对象的"广告"，笔者认为从层次上来考虑，它主要有三个方面：

---

① 李建军.必要的反对［M］.济南：山东文艺出版社，2005：1.

首先，是广告作品，这是广告批评的主体。文学中有"文学批评"的概念，通过对中国文学发展史或者外国文学发展史的研究，可以看到当文学批评健康发展的时候，其文学发展也比较顺畅。文学的创作力量、社会影响不言而喻。某种程度上，广告作品和文学作品的关系可以概括为"和而不同"。两者都是文化产品，都带有符号意义。从构成、修辞、表现、主题等方面上讲，两者是相通的，广告作品可以被视为文学作品的精炼版和视听版。但两者又是不同的：文学作品更多的是个人创作，面向读者大众；广告作品则是集体创作，面向消费者。相较于前者，后者更具目的性和功利性。广告作为集中人类智慧、企业财力等社会力量的成果，不仅凝结了广告主的财力，也凝聚了其创作者的智慧。但可惜的是，这些财富通常都会成为过眼烟云。这是宝贵的社会财富，我们要用一种有形的东西把它们保存下来。从这个角度来讲，广告批评，尤其是广告作品批评是非常重要的。我们可以通过广告批评保存广告作品，吸取经验教训，从而创作出更好的、更有效的、更具审美价值的广告，使广告业健康发展，同时也健康地回馈社会。在中国广告博物馆筹备委员会第二次会议上，笔者就曾提出，应当加强对中国广告作品的批评，多举办一些广告作品研讨会之类的活动。

其次，是广告运作层面。广义的广告运作我们称之为广告活动，是对整个广告过程的概括；狭义的广告运作则是广告公司的一次完整的广告策划活动。广告活动是通过广告主、广告代理公司、广告媒介、广告受众四者之间的互动而展开的。广告主是广告信息的发布者，广告受众是广告信息的接受者，广告媒介是广告信息的传播载体，而广告公司则是这三者的连接体。一般来说，广告主发起广告活动，付出一定代价，与广告公司之间产生交换行为；广告公司承揽业务，制作广告作品，通过代理行为，与广告媒介进行交易；广告媒介出售时间和版面，发布广告信息，将其传达给消费者，从而完成广告交易过程。这就是广告活动的一般规律。在这个运作过程中，也需要广告批评力量的介入。

最后，是广告环境层面。广告实际上是整个社会系统的一个比较小的组成部分，它处在广阔的外部世界的包围之中。无论是整个广告业的发展还是具体广告活动的执行,它都无法脱离自己所处的社会和行业的现实条件而独行其是。广告环境的构成包括三个方面:最外层可以称为"广告的外环境",它由整个社会中与广告发展有各种关联的经济条件、社会／文化条件、政治／法律条件等构成;第二层可以称为"广告的内环境",它由广告业内部的科学技术、竞争、批评、人才、自律、交流与合作等条件构成;第三层就是处于内环境和外环境包围中的"广告",它包括广告主体(由广告主、广告公司、广告媒介、广告组织、广告研究和教育机构构成的"广告业")、广告本体(由广告运动、广告活动、广告作品构成的"广告")以及广告本体对客体(广告对象)的作用。

总之,以上三个层面都可以作为广告批评的对象。广告作品、广告运作、广告环境三者是"一体两翼"的关系,或相辅相成,或相反相成,共同促进广告行业之健康发展。缺其之一,广告批评就难以开展,如同鸟断其一翼而不能展翅飞翔一样。

需要特别指出的是,笔者不同意将广告理论作为批评对象。对此,雷内·韦勒克通过对英、法、意、德等国文字中关于"批评"一词的用法比较,特别强调不要消除"理论"与批评之间有意义的区别,只要还有理由这样做,因为前者研究原理、范畴、技巧等,而后者则讨论具体的文学作品[①]。广告批评的对象虽然不只是广告作品,还包括广告运作和广告环境,但与广告理论还是有区别的,况且,从某种意义上讲,广告批评本身也是广告理论的一种。

综上,笔者对"广告批评"的基本内涵主要从"广告"和"批评"两个方面展开,鉴于两个词语的应用范围都非常广泛,因此尽管它们被赋予了一定的语境,但却无法固定下来。这就像现代哲学中各个不同流派想发现一个名词的唯一基本意义的努力注定要失败一样,不管是以牛津为中心的"分析"哲学还是海德格尔的存在分析,结果都一样。连最权威的学者或最有实力的学会都不能把一种术语固定下来,特别是像"广告批评"这类众说纷纭的术语。"分析"可以帮助我们分清不同的意义,描述各种语境,澄清一些问题并提出新的区别,却不能用法律术语来界定。

---

① 韦勒克.批评的概念[M].张今言,译.北京:中国美术学院出版社,1999:33.

二、中国广告批评仍存在诸多问题

广告业在我国的发展已有几十年的历程,但是广告批评作为一种评价和反馈的机制却一直处于零散和缺乏体系的状态,并且存在着诸多问题,例如以下四个。

第一,为广告做"广告"。目前,有些广告批评文章着重于对广告作品进行表扬和吹捧,却缺乏深刻的剖析和客观的评价,这使中国广告批评在某种程度上成了广告作品的广告,广告批评者则成了广告主和广告公司的合谋者。这种情况一方面误导了广告批评的正确发展方向,另一方面也削弱了广告批评自身的可信度和权威性。

第二,分析对象不全面。现有的广告批评文章中明显存在的问题是,单纯就广告作品进行分析,没有考虑到整个广告运作的过程与环境因素——或者只关注广告的社会影响而忽视其营销效果,或者追捧其营销效果而不顾社会责任等。

第三,将批评与批判简单地画等号。批评的重点在于客观地评价,不能简单地等同于批判。西方的一些社会学者关注广告对社会价值观念的影响,认为广告是万恶之源,侧重于对广告的批判;伦理学者则关注广告中的性别歧视等现象;而营销学者和经济学者都承认广告对于经济发展的促进作用和利销性。现在广告批评者中理性的共识较少,大多数从个人立场出发各说各话。但实际上,从事广告批评,要求批评者站在第三者的客观的立场来进行,这样才能得出一个公正的全面的结论。

第四,广告批评缺乏本土性。中国的广告批评仍停留在理论阶段,真正成形的广告批评文章比较少见。很多广告批评理论都是按照西方的各种理论延伸而来的,缺少对中国本土环境下广告发展过程和现象的思考。"当代中国内地广告批评是对在当代中国的经济改革与发展的过程中在中国内地传播的广告的批评,它涉及广告、广告批评和它们所处的特定社会经济文化环境,是在特定的社会环境中产生的广告批评。"①

三、广告批评体系尚未构建成型

纵观我国关于广告批评的文献,大多数涉及广告批评基础理论的介绍,如批评语境的层次、批评对象的构成等,缺乏系统而科学的理论体系构建。之所以在我国一直没有建立起广告批评体系,原因主要有以下几点:

首先,从广告批评的对象来看,广告作品具有与文学作品、电影作品不同的属性。这一点在前文已经提到,不再赘述。因此,对其进行批评研究既是十分复杂和庞大的工程,也是一个漫长的过程。正由于其复杂性、庞大性、漫长性,其体系的构建必然需要更长的时间。

其次,从广告教育方面来看,我国拥有广告专业的院校中,在广告教育上更加注重其与业界的紧密联系,重视功利性和实用性,对于将广告作为一门学科来建设,关注不够,意识不强。这种情况从源头上阻碍了广告批评体系的构建。

最后,从广告批评的参与者来看,广告作品的最终受众是广大的消费者,广告批评要充分考虑消费者的意见。但目前的情况是,广告批评文章聚集的地方,正是广告从业者扎堆的地方。消费者在广告批评主体群中的缺位也是广告批评一直没有建立起体系的原因。这从一定的侧面也反映出我国广告人自娱自乐的现象仍很严重,没有强调广告受众的反馈。

四、建立广告批评体系的重要性

一个成熟的广告批评体系,要从广告运作实践出发,又反作用于广告实践。它既能影响到广告创作人员再次创作的过程,使其加强认识和理解广告创作的性质、特点和规律,也能通过对广告作品的分析、评论,影响受众对

---

① 花家明.当代中国大陆广告批评简论[J].商业时代,2008(4)26-27.

于广告作品的态度和理解，从而直接影响到广告业在整个社会中的位置。

首先，对于消费者来说，成熟的广告批评体系为其提供了有效的反馈渠道，广告受众不再被动地接收广告信息，而是积极参与到广告运作过程中，拥有了主动权。如此，受众便拥有了与广告运作各主体互动的途径。

其次，对于广告运作主体——广告主、媒介和广告从业者来说，通过广告批评，他们可以了解和测量广告运作的效果，检验其是否达到了预期的传播和营销目的。广告作品的生产不再是广告运作的终端，而是另一次广告活动的开始和依据。

最后，对于广告业来说，客观而准确的广告批评不止可以提升整个行业的品质，还能够转变人们对广告的一贯看法。在这个过程中，广告不只是营销和传播工具，同时也是作品和结晶，是社会某个发展阶段的缩影。某一阶段的广告作品中往往反映着社会在这个阶段所具有的审美观、价值观，体现着这一阶段政治、经济、文化、技术发展的状况等。可以这样说，一直被忽视的广告作品极具研究价值，是研究社会发展的理想标本之一。

五、广告批评体系的构建

广告批评体系的构建主要包括以下几个重要的元素：广告批评的主体、标准、对象、语境、方法等。

作为广告批评的主体，关键的一点在于"他者的立场"，即第三者立场。以广告作品为侧重点，以广告运作过程和环境作为辅助参考进行的广告批评，在内容分析的过程中不免会夹杂批评者的主观评断，这更加要求批评者必须秉持客观、理性的立场。

与电影批评、文学批评不同，广告批评的对象具有复杂性和多元性。[1] 由于广告批评对象的复杂性和多元性，批评标准也趋向于多元化。广告批评的标

---

[1] 电影批评的对象主要包括影片和电影现象，关注的重点在于作品、作者的创作意图、对读者的影响等。文学批评的对象与电影批评类似。

准，指对广告作品进行分析与评价的依据和角度。按照广告效果的标准，广告批评可以分析和评价广告作品对受众的消费观念、消费行为、非消费观念和行为的作用；按照广告表现的标准，广告批评可以分析和评价广告文案、广告画面的表现技巧，以及这种表现对增强广告效果的作用；按照广告传播的标准，广告批评可以分析和评价广告作品与广告传播媒介相吻合的程度以及利用媒介特性的效果；按照心理学的标准，广告批评可以分析和评价广告作品在整个社会的文化系统中的地位以及它们所发生的作用；按照美学的标准，广告批评可以分析和评价广告作品的美感、风格以及营造美感和风格的符号和技巧。从这些基本的标准出发，还可以引出其他一些更为具体或细微的标准。

广告批评的对象不只包括广告作品，还包括广告运作现象、规律，以及广告环境等方面。由此看来，广告批评者必须用一种全局式视角，对研究方法、广告作品表现形式与方法、广告运作过程和社会环境等方面都具备一定的知识功底。

W. 伊泽尔在其《审美过程研究——阅读活动：审美响应理解》一书中把"语境"理解为"一定艺术现象具体存在时各种因素的总和"。耗散结构理论认为，任何一个客观事物都是一种事物本体加环境的存在。同样，"任何广告活动都不是一种孤立的存在，它和其他事物一样，与其生存语境血脉相连，离开了其生存语境也就失去了自身"[1]。广告批评的语境主要分三个层次，分别为广告与社会、经济、文化的关系。针对广告与社会的研究主要集中于广告对社会价值观、生活方式的影响，以及广告对于消费者而言是否具有欺骗性、误导性等；经济学分析则侧重于广告的利销性，以及其对于经济活动的作用和影响；而从广告作品本身的艺术性出发，可以分析其与文化发展进程之间的关系。

虽然广告批评建立在对于广告作品及其相关因素的分析和评判上，但广告批评并不是广告作品的附属品。正如同文学批评一样，"作为话语建构活动，文学批评有着自己独立的品格，它必须以独创性的审美见解作为思想内

---

[1] 黎泽潮.广告批评的语境与批评标准的建构[J].新闻战线，2006（5）48-50.

核，它的特点是发现性和创造性"①。广告批评者必须拥有一定的独立性、客观性，用理性和谨慎的态度去进行分析研究。广告批评体系作为一个完整的系统，一定要体现其应有的价值。

---

① 董晔.建构当代文学批评学应注意的几个问题[J].当代文坛，2005（5）12–14.

社交媒体如何构建"网红城市"的空间意象*

西安永兴摔碗酒、大唐不夜城，成都小酒馆、五岔子大桥，重庆李子坝轻轨列车、洪崖洞，长沙茶颜悦色、坡子街派出所……众多网红打卡地的诞生，使得盛唐之美西安、天府之国成都、巴渝之地重庆等城市被贴上了一个标签，即"网红城市"。这些城市之所以能迅速走红，与其自带流量特征的网红 IP 以及短视频的强社交性密不可分，也验证了社交媒体在城市意象建构及文旅传播方面的显著作用。社交媒体通过短视频再现城市符号和城市形象，营造"网红城市"独具一格的空间意象。

一、何为"网红城市"？

"网红"是"网络红人"一词的简称，最早指一些因独特的外貌或言行在网络上走红的普通民众，现泛指一切通过网络特别是社交媒体获取和维系声名的人。[①] 近几年"网红"的概念泛化延伸到城市形象领域，便有了"网红城市"的提法。

纵观当下备受网友喜爱的"网红城市"，基本都具有这些特征。一是"网红城市"是由多个网红打卡标签构成的空间媒体形态。打卡地可以分为好几类，如建筑类的白象居、成都 IFS 爬楼熊猫地标；人物类的西安不倒翁小姐

---

* 本文原刊登于《新闻与写作》2021 年第 9 期，作者丁俊杰、刘搁辰，收入本书时略有删改。
① 杨玲. 网红文化与网红经济 [N]. 人民日报，2016-06-28.

姐；交通类的重庆轻轨列车李子坝站、成都五岔子大桥；科技类的观音桥、太古里裸眼3D巨屏；美食类的长沙茶颜悦色、西安毛笔酥。这些网红打卡地不仅具有被传播的潜能，其本身也是一个空间媒体，对外传达多元的信息，讲述其独有的故事。

重庆轻轨列车李子坝站

二是"网红城市"在社交媒体上的呈现以空间和场景叙事为主。在年轻人打卡"网红城市"的短视频中，空间是叙事的主体和必不可少的场景，网友常常利用空间来表现时间、推动叙事的进程。如重庆李子坝的轻轨列车，车外宏观场景、车内穿楼场景等多角度拍摄并加以编辑而成的短视频出现在视频平台后，用户在视觉层面感受到了空间叙事的震撼，得到了一种同空间、多事件的共时性体验。

三是"网红城市"是线上流量与线下客流的聚合与再聚合之地。网红景点通过视频化聚合网上的流量，视频化特征反过来又吸引观看者去具身接触，进行二次视频创作，聚合的客流再次进行视频化传播，形成流量的再聚合。"网红城市"正是通过线上流量与线下客流的聚合与重聚实现了空间的动态发展，从而具有了年轻而有活力的城市形象。

由此可见，"网红城市"中的打卡地不仅仅是为游客提供吃喝玩乐场所的物理空间，它还具有空间意象，是人们与城市之间实现认知与情感联系的桥梁，是游客们具身向往接触的联想地，是存在于城市中的清晰符号，是可以表达与叙事的空间。著名思想家亨利·列斐伏尔将空间区分为三种不同层次：天然原始的、自然的空间，逻辑与形式抽象的精神空间，更复杂的、由社会性生产的社会空间。[①] 本文认为社交媒体完全可以通过认知、联想与情感三方面与空间产生互动，增改城市的物质空间，扩充精神空间，拓展关系空间，从而构建"网红城市"的空间意象。

二、社交媒体对"网红城市"空间意象的构建

1. 认知注意：社交媒体增改"网红城市"的物质空间

物质空间是空间意象的实体存在，在一定范围内可借助仪器和工具进行准确测量、描绘与设计，其对应的空间具有物理形态，处于可被触摸感知的维度。[②] 一个城市的实体空间，指的是建筑设计、街道布局、肌理景观等，涉及人的流动与交往的可能性与便利性。[③]

首先，"网红城市"的物质空间因社交媒体的裂变传播而引起更多关注。一方面是这些城市的网红景点在物质形态上本身具有奇特之处，比如以"最大"为吸引点的现存规模最大的城墙——西安城墙、中国第一洲——橘子洲；以体现遗址原貌为特色的白象居、大明宫；以灯光绚丽的景观设计使人流连忘返的洪崖洞、大唐不夜城；还有以视觉冲击力惊艳游客的李子坝轻轨电车、太古里裸眼3D屏。另一方面，社交媒体传播集文字、图片、动态影像为一体，可以直接映射出城市的物理形态。短视频以短、鲜、快的镜头反映城市，

[①] 夏铸九.重读《空间的生产》——话语空间重构与南京学派的空间想象[J].国际城市规划，2021（3）33-41.
[②] 吴细玲.西方空间生产理论及我国空间生产的历史抉择[J].东南学术，2011（6）19-25.
[③] 孙玮.城市传播的研究进路及理论创新[J].现代传播，2018（12）29-40.

再以间断性刺激、重复性配乐、无尽信息流的形式拼接起来①，强化出城市鲜明的外在结构。这些特征鲜明的信息形式配以空间叙事的手法，能在社交媒体的流量推荐、分享转发的功能下迅速引起人们的注意，扩大人们对这些物质空间的认知。

另外，物质空间由于在社交媒体上获得了广泛的注意力而不断被改建。增改物质空间的路径主要有两条：一是游客在已有的认知基础上，对原有物质空间进行新特色挖掘，然后将挖掘或发现的空间编辑成信息内容上传到社交媒体上。抖音平台播放量TOP100的城市形象视频中，有"超过八成由个人用户创作"②。然后政府主管部门根据热门内容进行物质空间改造，比如重庆长江索道景区轿厢全新涂装、景观照明升级；长沙庙街改造布景，推出庙街百乐门大舞台等。二是城市管理者主动迎合热点话题进行物质空间创造。如长沙为了迎合节日话题，独创了女神节粉红斑马线、情人节心形红绿灯等。追求视觉化与体验性的"网红化"对城市进行空间改造，是中国城市更新进程中出现的全新现象，它反映了"网红"现象从单个人物主体向城市物质空间蔓延的趋势。③

2. 心理联想：社交媒体扩充"网红城市"的精神空间

精神空间的表征是科学家、规划者、城市学家等对知识、符号、秩序的概念化，其对应的空间是感觉现象所占有的空间，处于被建构出来的维度。④社交媒体呈现的物质空间，经过了选择性过滤和美化，因此是经过媒介中介化的物质空间，它既真实地呈现了"网红城市"的实体特色，也因为人为处理而紧密地指向了精神空间。

得益于每位社交媒体用户都有资格直接参与到空间意象的建构和传播之

---

① 沈阳. 网红城市如何一直红下去[J]. 人民论坛，2019（30）130–131.
② 腾讯网. 短视频与城市形象研究白皮书[EB/OL].（2018-9）[2018-9-18].https://www.sohu.com/a/254628329_152615.
③ 李昊，崔国，周详. 互联网时代下城市空间品质提升与特色保护[J]. 景观设计学，2020（5）110–119.
④ 吴细玲. 西方空间生产理论及我国空间生产的历史抉择[J]. 东南学术，2011（6）19–25.

中，精神空间被不断地补充和扩展。这一扩充过程需要两个条件。

第一个条件是空间被赋予更多的象征与精神符号。社交媒体的原创内容以及基于电影、音乐、文学等文本的剪辑内容正在为物质空间贴上新的精神与文化符号。普通成都人脑海里的锦里无非是武侯祠旁古香古色的石板街和河边凉亭，但抖音里的锦里不仅有风味小吃、古戏台与阿斗井，更有"西蜀第一街""成都版清明上河图""三国文化""出片率"这些新的符号。精神符号的创作源于人们对文化生活和精神食粮的新需求和平台激励手段。2020年5月，疫情解封后的成都鹤鸣茶社成为新的网红打卡景点，部分原因就是此处成了本地人与各地游客们文化交流和精神交往的窗口。游船的、喝茶的、打牌的、采耳的，天南地北的人齐聚一堂。另外，抖音平台上播放量TOP100的视频中，有近半数的视频带有挑战标签。多用户围绕同一个话题进行创作，添加挑战标签的短视频可以获得更好的推荐优先级。① 通过这种挑战的方式，视频平台可以激发用户创作，助力新符号的挖掘，实现更大范围的传播。

第二个条件是精神符号可以被解读，让人实现与物质空间的联想。关于"网红城市"的内容在社交媒体中以现代叙事风格的方式加以编辑与展现，以年轻群体为主的媒体用户自然可以解码视频中物质空间附着的精神符号，并联想旅游目的地的精神空间。当我们看到长沙超级文和友的永远街、儿时小卖部、下岗牌臭豆腐与巷子猪脚，就能感知"老长沙""80年代""立体场景式美食魔方""长沙味道"这些符号意义。在对视频文本的解读过程，受众可以从不同的角度产生具体化的解读，但最终脑海中留下的不是一个具体的文本或文本中的某一个完整的部分，而是一个浓缩的格式塔（知觉的最终结果）②。比如受众看到视频标签"重庆8D魔幻空间"，就能联想到穿楼而过的李子坝轻轨列车、由数根立体"筷子"层叠堆积的国泰艺术中心、九连环的黄桷湾立交以及波浪公路。伴随着短视频沉浸式的观看体验，相对应的符号将印刻于观看者的脑海中，并在交流与互动中逐

---

① 腾讯网.短视频与城市形象研究白皮书[EB/OL].(2018-9)[2018-9-18].h ttps://www.sohu.com/a/254628329_152615.
② 考夫卡.格式塔心理学原理（上册）[M].黎炜，译.杭州：浙江教育出版社，1997：46.

渐加深其与城市本身的关系①，这就进入了意象空间的第三个维度——关系空间。

3.情感卷入：社交媒体拓展"网红城市"的关系空间

关系空间是社会关系的总体层面，是由空间实践的参与者共同创造的，其对应的社会空间是人们生活其中的维度。② 个人、媒体与空间的互动不仅有助于产生精神空间，同时也创造了个体与空间的紧密连接。詹明信在《后现代主义，或晚期资本主义的文化逻辑》中指出："时间已经变为永恒的当下因而成空间的了。我们同过去的关系也是空间的。"③ 这里的关系空间有两层含义：一层是由于历史与情感的原因人与物质空间产生了联系，是人与物之间发生的关系。另一层是由于同处于一个物质空间中，人与人之间产生了物质性生产关系。

移动互联网时代，基于大数据推荐的社交媒体可以从两个方面拓展关系空间。一方面是网上"饭圈"现象在现实空间的转变。"饭圈"如今不仅限于影视娱乐圈，它几乎席卷了"网红"、UP主、小说作者、文化IP等所有圈子。这些"饭圈"基于共情的群体想象，有着以认同和情感为核心的关系纽带，会由于沉浸式的视频刺激而产生共鸣，转而进行线下的空间实践，从而产生空间意象中的社会关系。新兴的互联网商业模式总是试图提取与控制海量数据来捕捉用户的情绪，完成对用户的占有④，因此基于算法的社交媒体能加速和扩大"饭圈"关系的建构。2019年，随着《少年的你》影片的播出，书迷、男主和女主的粉丝以及影迷迅速在社交媒体上汇集，掀起了一波"打卡还原重庆取景地"的热潮，他们相聚重庆的铁路中学、魁星楼、皇冠大扶梯、中

---

① 沈阳.网红城市如何一直红下去[J].人民论坛，2019（30）130-131.

② 吴细玲.西方空间生产理论及我国空间生产的历史抉择[J].东南学术，2011（6）19-25.

③ ANDERS STEPHANSON. Regarding Postmodernism: A Conversation with Fredric Jameson[J]. Social Text, 1987（17）20-44.

④ 王昀，徐睿.打卡景点的网红化生成：基于短视频环境下用户日常实践之分析[J].中国青年研究，2021（2）105-112.

山四路等地拍照打卡，实现了人与这些物质空间的互动，关系空间由此形成。而拍照内容又会在圈层中继续传播，从而持续产生与扩大能转为线下关系的线上关系。

另一方面是基于社交媒体内容产生情感卷入而进行的空间实践。查特曼区分了"故事空间"与"话语空间"。前者指行为或故事发生的当下环境，后者指叙述者的空间，包括叙述者的讲述或写作环境。① 社交媒体允许上传以叙述者为主角的视频内容，这种方式使行为或故事发生的环境与叙述者的空间重合，从而产生超强的代入感。比如游客拍摄的"网红城市"视频，"主角"大多以用户身份出镜，用真实的打卡照、美食体验营造出逼真感，拉近与观看者的距离。基于算法的推荐，社交媒体营造的这种临场感能够产生很好的唤醒效果，激发受众的积极情绪，使他们在认同情感的卷入下动身前往，与视频中的空间产生关联。

三、结语

我们把在城市中能认知、联想并寄予情感的一处地方称作空间意象，亨利·列斐伏尔（Henri Lefebver）提出了"空间是社会产品"之命题，以揭示空间的实际生产过程、空间的商品化、空间在实践中的表意功能。② 那么空间意象的商品化就使空间如商品一样具有了使用价值和附加价值，以及商品与用户之间的关系维系能力，这无疑对应了空间意象的物质空间、精神空间和关系空间的三个维度。媒介在空间意象商品化的过程中所起的作用就像在推广商品中一样，社交媒体能增改空间意象的物质空间，扩充精神空间和拓展关系空间。除此之外，社交媒体的中介化作用还使物质空间、精神空间和关系空间得以相互影响和补充——精神符号的加持使物质空间发生变化，物质

---

① DAVID H. et al. Routledge Encyclopedia of Narrative Theory. London and New York: Routledge, 2005: 552.
② HENRI L. The production of space. Trans. by Donald Nicholson Smith, Oxford: Basil Blackwell Ltd., 1991: 38-40.

空间的发展会形成新的关系空间,而关系空间的维持又会诱发新的精神符号产出,从而扩充精神空间。本文基于"网红城市"的案例,对三个维度的空间进行阐释后发现,得益于社交媒体的天然优势,文旅传播中的空间意象不仅能够通过传播主客体来共同构建,也应当由传播主客体来共同建构。

在物质空间层面,应采用普遍的政府引导+媒体支持+用户自创的模式。政府部门可以推陈出新,展示城市的精华素材,羊肉泡馍、钟鼓楼、大雁塔、南门城墙、秦腔就被西安市政府充分利用。此外,因为物质空间深受科技进步的影响,政府应积极引导高科技元素的加入,如大唐不夜城增设炫酷科技灯组、动感交互体验馆、3D虚拟试衣镜、彩绘世界、烟花喷泉等科技设备,使物质空间层次更加丰富。所有的城市传播都可以通过网络途径来实现,但想要真正引发互动传播、引发共鸣,则要依赖传播权力的下移以及本地居民和游客原创内容的生产。只有利用社交媒体引起受众注意、扩大认知范围的优势,激发民众基于共识性认知来挖掘城市的网红潜质,用政府背书加UGC铸造空间意象的外壳,才能夯实一个城市在互联网领域持续成长的地基。

在精神空间层面,社交媒体进入移动短视频的发展阶段,其视频形式令城市的特色得到了更鲜活的呈现,因此要充分运用画面点燃联想的导火索。一是深入城市毛细血管的市井内容,地道的美食、熟悉而又陌生的方言都是引起旅游目的地联想的元素。二是背景乐,歌曲《成都》带火了玉林路,伴着《西安人的歌》,西安摔碗酒在抖音上爆红,一首《策长沙》被抖音翻唱无数,音符一响,长沙的解放西路就浮现在脑海。三是历史与文化底蕴,"网红城市"的内在续航力,其实就是蕴藏在城市中的历史文化。所有城市都可以共享信息网络的空间,但最能留存在受众心中的是意义网络的生产。以盛唐文化为底蕴的西安有现存最大规模的唐代砖塔建筑大雁塔、大唐芙蓉园、大唐不夜城、敦煌飞天、大明宫国家遗址公园、大唐西市等一系列以唐代元素为主的"网红"打卡点,唐朝文化的故事讲不完,并总叫人浮想联翩。

在关系空间层面,文化也是维系关系的纽带。西安推出了"城墙根儿文化"的标签,"九爷"谢小九唱火南城后,吸引了不少民间歌手的加入。2020年11月,B站和抖音的粉丝来到西安城墙下南门的街头,在现场参与了一场由本地年轻人乐队组织的《国际歌》大合唱。关系空间是基于物质空间与精神空间的人与空间的互动，但形成的关系更牢固。就像商品一样，人一旦与之有了情感卷入的关系，就有了忠诚于此的可能性。因此关系空间虽然因其隐秘的维度而容易被忽视，但是在文旅传播中却是格外需要重视与培养的。有些现实中无人问津的物质空间，会因共享同样的精神空间而在网络中形成有核心凝聚力的圈内关系，比如川剧。早在2006年川剧就已被列入濒危非物质文化遗产名录，但表演舞台门可罗雀，很多专业表演者被迫改行。开通抖音账号后，川剧继承人周正华@川剧男孩华华带着儿子学川剧的视频在抖音的粉丝量高达150万，这些年轻人说"只听了一句就被圈粉"。关系空间的拓展可以通过短视频这种现代人最流行的社交方式，找到各类圈层文化与受众的连接点，使网络的关系网与现实中的物质空间发生联系。同样以川剧为例，如今的蜀风雅韵川剧院渐渐收获了一批年轻观众，在进行空间实践的同时完成了关系空间的塑造。

另外，在主客体共建城市的空间意象时，要善于发现关联性与复制性。目前"网红城市"的空间意象基本都集中在历史文化底蕴、拍照出片打卡地、美食探店等方面。比如长沙有岳麓书院、成都有武侯祠、重庆有洪崖洞、西安有城墙，这些历史文化底蕴与城市具有关联性但是不可复制。在建党100周年之际，长江的橘子洲头在网络翻红就独树一帜。但是喊泉、钢琴路、悬崖秋千、玻璃栈道这些游玩打卡地虽然与一个城市没有相关性但却是可以复制的。"网红城市"正在用现代的科技与传播手段打造一处又一处别具一格的空间意象，为当今时代的文旅传播显示新的思路与途径。正如埃罗·沙里宁（Eero Saarinen）所说："城市是一本打开的书，从中可以看到它的抱负。"[1]

---

[1] 沙里宁.有机功能主义建筑大师[J].中国勘察设计，2018（7）81-89.

东亚文化之都：对"域牌"的一种思考[*]

《"十四五"文化和旅游发展规划》提出，文化和旅游既是拉动内需、繁荣市场、扩大就业、畅通国内大循环的重要内容，也是促进国内国际双循环的重要桥梁和纽带。而如何解决文化事业、文化产业和旅游业发展不平衡、不充分的矛盾和城乡、区域间的差距问题，将成为文旅行业深度融合的关键抓手。对此，党和国家作出了重大部署，明确提出要推进区域城乡文化产业协调发展，加强区域间、城乡间文化产业发展的统筹协调，开启了我国文旅融合的新篇章。

事实上，我国文旅行业的绝大多数问题就集中在没有统筹城乡的二元结构、一味追求打造没有深厚文化积淀和丰富资源根基的文旅景观上，故而也很难形成真正良性的文旅融合行业生态。因此，如何将一个区域内，或者具有相同精神内核、文化内涵的地区联系起来，打造集群式的文旅产业，以实现文旅行业的提质增效，是当前文旅行业要破解的难题、要题。

本文中"域牌"的提出，与文旅融合在中国国情的角度下具有同频构建的逻辑，着重关注了城乡差距，整合了区域资源。在空间上形成了独具特色、交织叠加的场域，在时序上具有夯基衍新的关系，可以在"域牌"打造过程中推动文旅行业深度融合，在文旅融合的发展趋势下完善其理论建设。而选定"东亚文化之都"作为研究对象，是因为"东亚文化之都"本身蕴含的内涵与外延和"域牌"有重合，其中的部分城市也展现出了文旅

---

[*] 本文原刊登于《未来传播》2023年第2期，作者丁俊杰、刁星彤，收入本书时略有删改。

深度融合的趋势。

"品牌"概念起源于商品领域，是指与竞争对手相区分的产品品牌。根据现代营销学之父菲利普·科特勒（Philip Kotler）在其代表作《市场营销学》中的定义，品牌是销售者向购买者长期提供的一组特定的特点、利益和服务。[1] 在此定义上，笔者认为品牌往往指产品、服务、商标，是有关产品的一切。许峰（2008）在《城市旅游品牌区域结构与协同发展研究——以山东省为例》一文中指出，城市旅游品牌早期的研究领域主要集中于旅游产品（线路）品牌、企业品牌等较小范围，随后才深入到不同界域的空间旅游品牌。[2] 将目的地空间品牌解构为景区景点、线路网络、城市区域乃至于国家旅游品牌，则是研究视角从消费者转向生产者的深化。这一转变的根本原因是与中国近年来的经济发展紧密结合的。随着国内基本矛盾发生转变，游客对于旅游的要求也从基本的目的地转换变成了对于高质量出行的期待和要求。随着近年来国内对于区域间、城乡间要统筹发展的认识水平的不断加深，"区域品牌"作为兴起于西方的一个实践与学术探讨，进入国内学术界后与中国文旅行业的现实问题进行了结合。如何打造一个优秀的区域品牌，成为行业内不断被讨论的问题。

国内对于"区域品牌"的研究已经发展了十余年。基于"构建合作交流网络能在主要城市和其他地区之间产生合力效应"，国内学者开始逐渐认识到城市旅游品牌研究的思路必须从"单体城市"转向"区域"。然而，对于"区域"的概念定义在早期并不明晰，多位学者对这一概念进行了研究，汪云林、牛文元（2008）认为，区域指"城市之间的多维联系网络"[3]。随着改革开放的不断深入，部分学者开始将区域品牌的研究对象从多个城市转向一体化地区。张玮等（2008）注意到了长三角城市群品牌定位与旅游一体化发展

---

[1] 科特勒，洪瑞云，梁绍明.市场营销管理[M].陈振忠，梅清豪，译.北京：中国人民大学出版社，1997：290-300.

[2] 许峰.城市旅游品牌区域结构与协同发展研究——以山东省为例[J].财贸经济，2010（10）128-132.

[3] 汪云林，牛文元.城市尺度的网络竞争力研究[J].城市发展研究，2008（2）99-103.

的相互关联,但未对区域内城市群的品牌结构和整体竞争力进行分析。①许峰(2010)指出,"区域品牌"的作用主要指在同质区域范围内的城市群,通过品牌价值要素识别构筑主导品牌联合和主副品牌协同的城市旅游品牌区域结构,从而实现城市旅游品牌营销之有序、差异的竞合格局。②旅游品牌系统构建开始逐渐引入不同视角。许峰、秦晓楠等(2013)开始引入生态位理论的数理研究方法,认为区域城市品牌系统研究要分析关键城市以及不同城市之间共生、互补和资源争夺的状况,从而确定成员城市在品牌生态系统中各自的生态位以及各品牌生态位之间的相互作用。③近年来对于区域的品牌研究开始深入到区域文化内涵或精神特质层面。王战等(2022)提出,区域品牌差异性构建的根源在于区域文化,他们认为长期以来我国区域品牌的发展存在着产品特色与技艺传承、地域特性与文化个性、区域品牌与企业品牌之间各要素发展失衡的问题。④李竹芳(2021)提出了区域文化与乡村的强相关性,指出乡村的形成就是区域文化形成的过程,从区域文化中寻找乡村品牌设计的差异化特征并指导文旅、经济的实践,是该地区最基础、最核心的竞争力。⑤

2022年4月,《中共中央国务院关于加快建设全国统一大市场的意见》(以下简称《意见》)发布,明确要求"破除地方保护和区域壁垒",避免过度同质竞争,并"加快建设高效规范、公平竞争、充分开放的全国统一大市场",《意见》再一次明确了建立一个符合中国国情、关注地域间文化的共性与特性、关注城乡二元结构并寻找其有机联系的"域牌"的政策背景和现实意义——需要一个可以跳脱出将区域定义为"多个城市集群""一体化城市

---

① 张玮,伍青生.长三角地区城市品牌定位研究——以吸引旅游为例[J].上海管理科学,2008(3)92-97.
② 许峰.城市旅游品牌区域结构与协同发展研究——以山东省为例[J].财贸经济,2010(10)128-132.
③ 许峰,秦晓楠,张明伟,漆睿,李静.生态位理论视角下区域城市旅游品牌系统构建研究——以山东省会都市圈为例[J].旅游学刊,2013(9)43-52.
④ 王战,靳盼,杨浩.我国区域品牌的文化传播研究[J].新闻爱好者,2022(8)110-112.
⑤ 李竹芳.基于区域文化研究的"灿村"品牌设计实践[J].装饰,2021(6)134-135.

群"等指代固定对象的区域概念来指导具有更多有机联系的、新时代的区域品牌。即"域牌",而这绝不是"区域品牌"的缩写。

一、"域牌"概念的提出的中国意义与价值

从宏观层面来看,"域牌"概念的提出是落实习近平总书记加快构建中国特色哲学社会科学体系的指示在区域形象领域的理论追求与实践探索,并在区域形象建构与传播领域做到了"四个自信"的自觉思考与行为。习近平总书记在视察中国人民大学时提出了"加快构建中国特色的哲学社会科学体系"的时代要求,强调"以独立自主为方针,建构中国自主的知识体系"和"以面向世界为姿态,着力提升国家和区域的软实力"。中国的政体、国体与西方不同,中国的政府是中国共产党领导的政府,是要覆盖包括乡村在内的全区域而非仅仅城区的政府。因而,直接将西方城市品牌的概念照搬到中国来是不合理的。由此,亟须提出"域牌"这一着眼于中国本土国情的概念,这既是对习近平总书记指示的呼应,也是对此指示在区域形象领域的理论追求与实践探索。

域牌也是目前"城乡中国"现状下的理论结晶。借用德国社会学家马克斯·韦伯（Max Weber）的"中国无城市"论述,"中国没有单纯的城市,即使北京、上海这样的超大城市,也有非常复杂的乡村元素"。所以用"城市中国"这个词来称呼中国显然是片面的,其忽略了区域中的乡村元素。而中国城市的快速发展,使早年由费孝通先生提出的"乡土中国",即"中国社会是乡土性的,这是近百年来更在东西方接触边缘上发生了一种很特殊的社会"[①]的概念发生了变化。综览现状,当今中国不再是乡土中国,也没有形成城市中国,而是发展成为由中国特色道路和特色元素决定的"城乡中国"——区域内的所有人都应当是平等的,单纯地发展城市或振兴乡村,就会出现城市的变态和乡村的衰败。只有把这二者放在一起,实现城乡互动、城乡共存、

---

① 费孝通.乡土中国[M].北京:北京大学出版社,2012:380-401.

城乡呼应，才能处理好城乡关系，实现城乡协同发展。域牌正是在如上"城乡中国"的现实条件下提出的。

截至2019年，我国共有333个地级、2844个县级城市或地区。可以说，中国的每一个行政区域都是城乡二元结构的。从这个角度来说，"域牌"中的"区域"，在中国语境下首先是行政区划的概念。以"东亚文化之都"的入选城市西安市为例，如果只谈论"十三朝古都""大唐不夜城"而忽视黄土高原上的"窑洞文化"，我们便会放弃一部分有生命力、有生长性的文旅要素，很难真正发掘出西安市的整体风情。从这个角度来看，"打造西安市这一区域的品牌"要比"打造西安城市品牌"更为全面，也可以更好地在区域内激化活力，在区域外形成竞争力。

同时，"域牌"中的"区域"也是地理区域的概念。如"大兴安岭""黄土高原""巴蜀地区"这些因为地缘特征而形成特色文化的地理区域，不能割裂其中有机的联系而单从行政区划的角度对其进行定位。而"域牌"与"区域品牌"的不同是，"域牌"在"区域品牌"原有的指代上，打破了只有一体化城市群、多个城市群组成区域的概念，挖掘了不同城市和乡村间更多元和有机的联系。从这个角度来讲，相对于固定的城市区域而言，"域牌"中的"区域"有更灵活的指代，需要因地制宜，找准当地文化的内在逻辑后再进行勾勒与确认。这有利于解决刻板的行政区划和模糊的地理区域之间互相矛盾的问题，从而提高游客对于该区域的普遍认同和认知。

城乡互动、城乡共存、城乡呼应是当下城乡中国的应有状态。从上述要求出发，提出"域牌"问题，不再只是理论层面的探讨，应该也是实际工作层面的要求。

因此，作为一个根植于中国独特国情的概念，"域牌"中蕴含着深远的中国意义与中国价值。"域牌"之"域"，让人不能回避"得天独厚"这个概念。独特的优越条件，是因"域"而生：无论是自然资源、文化资源抑或经济资源，任何区域都拥有其得天独厚的优越条件。"域牌"的"域"就放大了这样的"得天独厚"之处，保留住了"一方水土养一方人"的概念。如果说"身土不二"强调的是传统社会、农耕文明、畜牧文化里人与区域之间的关系，那么"域牌"阐释的就是现代社会人与区域之间的关联。

此外，对于区域而言，"域牌"概念的延伸层面，是在区域治理中发挥作用，以形成区域形象建构与传播和区域治理一盘棋的格局。可以说，"域牌"是一个区域的"护城河"。"域牌"的表达囊括了区域内城市与乡村的总特点，强调整体性与系统性，旨在充分展现区域的丰富性与多面性。因此，基于"域牌"这一概念，区域内的所有治理工作与传播活动都能够被串联起来，从而帮助区域构建完整的"一盘棋格局"。进而，在足够完善的"域牌"构建下，当区域出现舆论危机时，区域内的百姓以及到访区域的游客都会自发地维护区域形象，区域的形象也不会因为一次小危机而崩塌，"域牌"的"护城河"作用便在于此。

"东亚文化之都"作为中、日、韩三国共同发起的亚洲第一个国际性文化城市命名活动，入选城市均具有丰富的地方文化资源和鲜明的地方文化特色，更被赋予了促进东亚文化交流与互学互鉴、帮助所属国家积极进行对外文化传播与交流的期待。所以，我们更要擦亮每一个入选城市独特的文化底色，突出入选城市的区域"天然禀性"，为此，我们特别建议：在"东亚文化之都"的评选中要更为谨慎地使用"城市品牌"的概念，并由此提出了"域牌"的概念。

二、"域牌"的学术价值与理论体系

"域牌"，指通过规划、设计、打造而形成的区域形象的总概念、总概括、总设计。突出表现为对内形成凝聚力，对外产生吸引力；在区域内激发活力，在区域外形成竞争力。形象地说，"域牌"能够使身在这个区域的人引以为傲，使来过的人为之倾心，使没来过的人充满向往。因此，"域牌"形象要符合区域自然之理，"域牌"基因要具备文化之根，"域牌"功用要体现区域的格局与秩序，要追求伦理之善，折射生活之态、生产之力、自然之美、资源之富、文化之魅……"域牌"与商业品牌、产品品牌最大的区别是——"域牌"的核心必是社会和谐，有文化认同，有价值观，有主流，还要有与众不同中的步调一致，不能一刀切。

"域牌"概念既包含了城市的硬系统，如城市的地理环境、区域优势、自然资源等，以及具有标志性意义的城市景观，即凯文·林奇（Kevin Lynch）所提到的道路、边界、区域、节点、标志物，也包含了城市所特有的人文精神、民俗文化、形象表达等。①"硬设施"为"域牌"内的居民提供健康、安全、便利的生活环境，"软系统"则表达了人们对"域牌"的认同、依恋，甚至是智慧与情怀的折射。"硬系统"是"软系统"的载体，"软系统"则是"硬系统"的升华。在"域牌"概念中，更强调的是城市基于自然、人文、社会资源，在历史发展与变迁中所形成的其他城市无法比拟的独特性与差异性，具有形象识别与独特文化精神，是城市的灵魂。

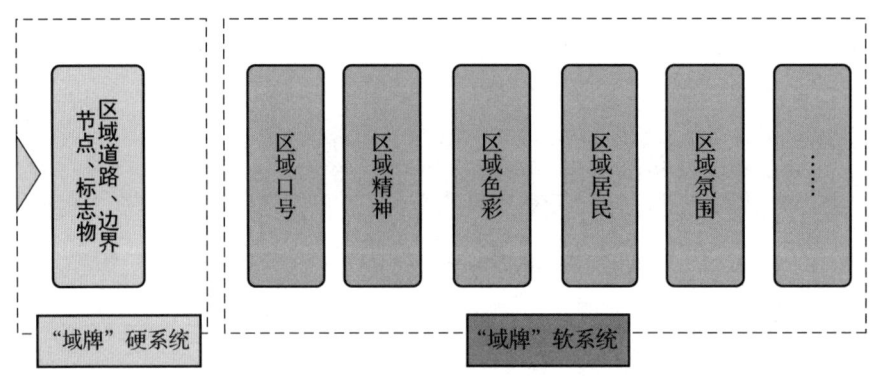

图1 "域牌"软、硬系统示意

为了更好地展示"域牌"中各要素的互动关系，围绕"域牌"的核心概念，who构建了"域牌"的系统与模型：USR（Urban-Rural System）系统。

"域牌"的URS系统立足于"城乡中国"，围绕地方政府、当地居民等"域牌"主体，强调从城乡共建、城乡共谋，进一步达到城乡共识、城乡共享，按照"域牌"认知系统调研、"域牌"定位、"域牌"表达系统、"域牌"产业战略、"域牌"传播营销规划、"域牌"维护与管理的步骤逐步展开，展现了"域牌"主体之间的关系层次与内容建构层次。"域牌"不仅包括城市品

---

① 林奇.城市意象[M].北京：华夏出版社，2001.

牌构建中所包括的城市定位、口号、视觉设计、传播营销规划，也包括小资源的产品设计以及"域牌"管理。

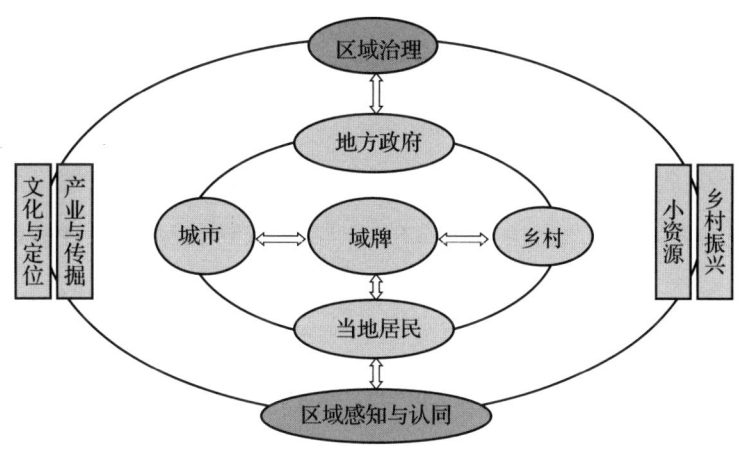

图 2 "域牌"系统模型（URS）

三、基于"域牌"——对"东亚文化之都"评选维度的思考

1. "域牌"的底蕴——文化是一座城市最大的不动产

不动产，往往指依自然性质或者法律的规定在空间上占有固定位置，移动后会影响其经济价值的物。在规划和整合某一城市的文旅资源时，各地往往更偏重于考量"地标性"的建筑，却忽略了文化对于一个区域的重要意义。长城可以说是中国历史上最大的不动产之一，但吸引游客来长城游览参观的，更多的是附着在长城每一块砖石上的文化内涵。

美国著名城市规划思想家刘易斯·芒福德（Lewis Mumford）指出："文化是城市的生命，是城市的记忆体系。"[①] 在"域牌"的概念下，文化是区域的生命。相比钢筋水泥建造起的"地标"，文化是"域牌"构成的资料、资产和

---

① 芒福德.城市文化[M].宋俊岭，李翔宁，周鸣浩，译.北京：中国建筑工业出版社，2009：300-349.

资本，也发挥着勾连区域内的物产、自然和人文景观之间关系的作用，是区域个性的充分彰显，是区别"这一个"而不是"这一类""这一片"的独特标识，是"一方水土养一方人"的重要原因，是构建区域独特氛围的核心内容。

因为文化是多元的，也必须是多元的。因此，每一个国家、每一个民族、每一个城市、每一片区域，都应该保持自己独特的文化。每个区域独有的文化，就是区域最大的不动产。

2. "域牌"是一项民生工程，"文化与人"的关联应加入评选的维度

隐藏在"域牌"建设背后，支撑"域牌"系统发展的核心，是"这个区域内的人"。从这个角度来说，"域牌"是一项民生工程，"域牌"传播的最终受益者，一定是百姓。

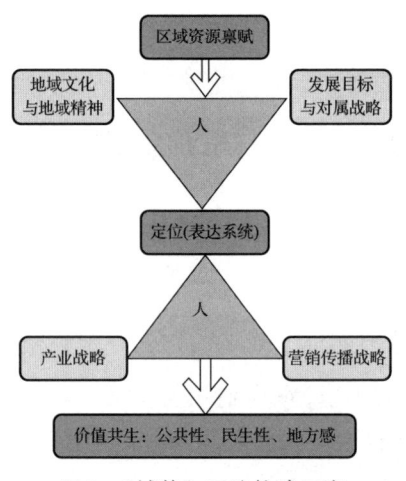

图3 "域牌"系统构建示意

"域牌"的发展，应该是一项公共活动，强调"以人为本"，强调唤起区域内人民的主人翁精神和主人翁意识，让他们参与到区域的决策中来。同时，公众也应该是"域牌"发展成果的监督者和检验者。衡量一个区域的文明与先进程度，很大程度上考验的是区域内人民的满意度。故笔者在此提出，"文化与人"的关联应加入"东亚文化之都"评选的维度中。世界知名品牌专家西蒙·安浩（Simon Anholt）用六维度模型来阐释国家品牌的竞争

优势识别系统,其中关于人民与文化的维度,也同样适用于"域牌"价值的评估。①

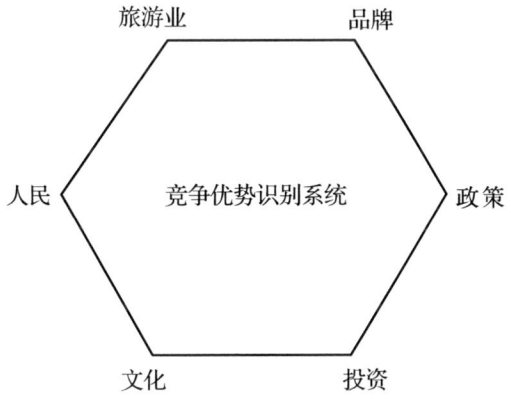

图 4　西蒙·安浩竞争识别系统六维度模型示意

3. "域牌"的传播是讲好区域故事

自 2020 年以来,中国"东亚文化之都"的申报条件虽然在已有的文化传统、文化硬件设施、文化软件发展、公共文化服务等七个方面的基础上增加了文化和旅游相融合的内容,但是依旧有可以改进和补充的地方。

如《2023—2025 年"东亚文化之都"评分标准》中第七项,关于城市品牌营销细则,它要求考虑"城市是否设立专项营销经费、利用多种渠道进行城市品牌营销",而笔者认为,是否设立营销经费并不是判断一个城市是否具备文化宣传潜力的标准,也不足以成为判断营销效果的核心要素;而在更细化和具象化的审核细则中,提及要"创新表达方式,大力宣传文化品牌,彰显中华文化魅力"。但怎么才算创新了表达方式?怎样才算把握住了"文都"文化核心?笔者认为,深挖"域牌"概念中的"区域精神"和"区域品格",可以为该条评审细则提供新的角度和参考系。

---

① 安浩.铸造国家、城市、地区的品牌:竞争优势识别系统[M].葛岩,卢嘉杰,何俊涛,译.上海:上海交通大学出版社,2010:154.

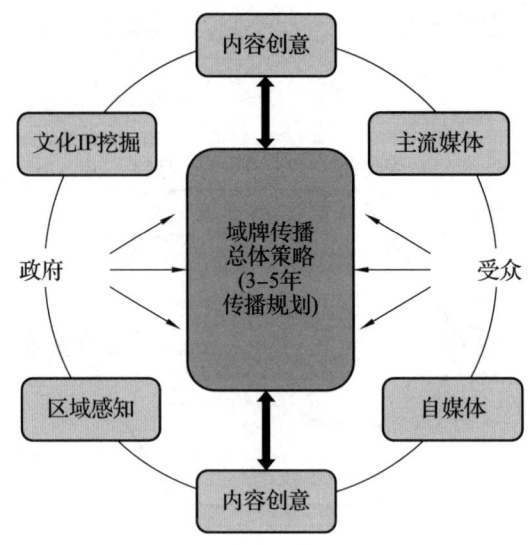

图 5 "域牌"传播总体策划（3-5 年传播规划）

想要讲好区域故事，塑造区域神韵魅力，"域牌"是总抓手。而在打造"域牌"时，必须深挖区域的精神和品格，尊重地域内的文化、生活形态和习俗。"区域精神"指区域范围内所有文化形态以及与之有关的一切精神现象的总和；"区域品格"则是一个地区各种元素经年孕育、发展、演变进程中逐渐呈现出来的独特个性，这二者因代表了该区域天然的秉性而成为生成"域牌"魅力的主要内容和重要基础。

同时要注意，"域牌"形象要符合区域自然之理，"域牌"基因要具备文化之根，"域牌"功用必须体现区域的格局与秩序，在追求伦理之善的同时折射生活之态。因为"域牌"与商业品牌、产品品牌最大的区别是，"域牌"的内涵必须政治正确，"域牌"的核心必须是社会和谐，有文化认同，有价值观，有主场，有与众不同中的步调一致。

好的"域牌"构建将有利于形成并铸牢区域精神内核，有效地形成共同体意识，更好地弘扬社会主义核心价值观，这也对应了第七条评审细则当中"彰显中华文化魅力"的要求。

同时，"域牌"还体现了区域品牌不断生长的过程："域牌"构建的初期立足于区域文化，增强区域的认知度；"域牌"构建的成长期立足于发展产业对

"域牌"的支撑,进而增强认同与区域美誉度;"域牌"的成熟期则强调区域治理。透过"域牌",可以衡量出区域的总体价值。

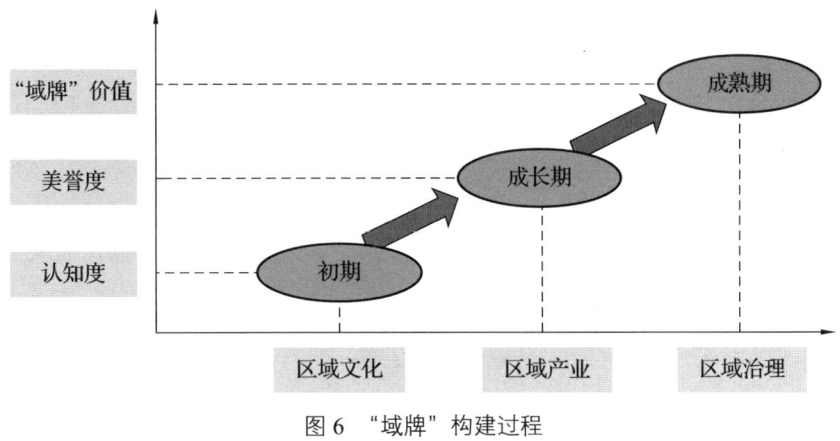

图 6 "域牌"构建过程

四、"东亚文化之都"的"域牌"构建与展望

1. "东亚文化之都"的"域牌"构建——以长沙市为例

2016 年 7 月 25 日,2017 年"东亚文化之都"评选活动终审工作在北京举行,长沙市凭借当地"传统与现代交相辉映"的特色文化和积极的对外交流形象,当选 2017 年"东亚文化之都"。为了确保"东亚文化之都"的整体框架建设,长沙市政府投入了不低于 3 亿元的活动经费,且经过"十三五"和"十四五"阶段的培育与发展,长沙已经具备了良好的"域牌"基础,也自觉或不自觉地形成了打造"域牌"的意识,相较于"长沙"城市品牌这一概念,"东亚文化之都"这一称号能更清晰地界定出长沙既有城区的概念,也有城乡的概念,可以通过纳入城乡二元结构来更好地指导地区关注该区域的统筹发展。而其中要注意的是,"域牌"作为一个区域的系统规划,其内涵本身是超出文旅行业范围的。本文仅从长沙入选"东亚文化之都"后对于区域文旅品牌、形象、传播展开论述。

在文旅融合、全域发展、消费升级、国际化的大背景下，作为首批24座国家级历史文化名城之一、"东亚文化之都"、世界媒体艺术之都的长沙，围绕着"建设国家创新创意中心、打造国际文化名城、世界旅游目的地"的发展目标，从区域品牌塑造方面发力，收获了良好的城市知名度与美誉度。

在新型城镇化进入大城市圈主导、强省会城市竞争的新时代，国家中心城市和城市群逐渐成为区域发展的核心载体与关键支撑。例如长沙文旅局牵头促进长、株、潭城市群升级，塑造当地特色"域牌"。

长沙市以建设"大长沙城市圈"文化旅游为切入点，引领湖南省更积极地参与国际文化旅游经济大循环。"城市圈"的打造将区域之间的联系变得更加紧密，也更进一步解释了"域牌"的打造，是如何作为一项民生工程调动起区域资源禀赋，既让"域牌"发展这项公共活动惠及公众，又使公众成为"域牌"发展结果的监督者和检验者的。

为了更好地塑造"大长沙城市圈"的"域牌"形象，长沙不断深挖当地的文化基因。作为一座移民城市，长沙抓住了当地"各种文化交汇新生"的文化特色，把握了长沙"心忧天下、敢为人先"的精神内核，总结出"创业精神""革命精神"就是注入长沙文旅市场的动力，并将其不断深挖，将有"地方感"的文化底色融入进长沙的"域牌"塑造中。

依托于当地丰富的地理景观、人文景观、水域风光、生物景观、古迹与建筑，以"历史文化资源和当代文化资源交织"这一核心特色文化氛围为主线，"大长沙城市圈"整合了区域资源，在"十三五"期间形成了"一核一圈三带九区"[①]的大格局。这一时期，覆盖全域范围内的景区景点，引导以服务为要素的旅游公共服务体系的建设和逐步完善。

当然，长沙文旅的"域牌"战略系统构建还有很长的路要走。作为"东亚文化之都"、世界媒体艺术之都、澜湄旅游城市合作联盟的首批中方城市和内地唯一世界文化遗产联盟海上丝绸之路申报城市，长沙对外文化交流日益

---

① 一核：主城区都市风情旅游；一圈：环都市乡村休闲旅游圈；三带：湘江、浏阳河、沩水旅游带；九区：九个特色旅游区。

广泛，因此长沙需要更稳定的文旅形象定位与表达。

"域牌"的定位不同于商业品牌、产品品牌的定位，它需要多重定位，注重差异化传播。长沙文旅的"域牌"定位，要在结合长沙市区及周边区域的历史文脉基因、竞争优劣势及文化底蕴的基础上，依据长沙文旅产业独特的资源禀赋，汲取代表性城市的发展经验来进行。同时，定位时应洞察到长沙凸显的城市个性，以及其背后代表的"湖湘文化"，并注重与本地民众的气质相匹配，做到"以人为本"。概括来讲，长沙在打造"域牌"时需要多重定位，将功能性定位与情感性定位相结合，制定与未来相关且与区域的发展战略相吻合的定位。

而目前，长沙的"域牌"传播手段还较为传统，缺少构建多渠道、立体化的传播组合拳的创意与应用。因此，长沙应加大与专业营销机构的合作，立足于"东亚文化之都"的品牌和荣誉，充分整合国内、国际循环传播，"线上＋线下"的跨界传播，泛娱乐与新闻等不同类别的组合传播，如海报、宣传片、纪录片、影视合作和社交自媒体等。

此外，要推出优质的品牌口号和有吸引力的目的地"域牌"的视觉元素，以共同构成长沙"域牌"的表达系统。在这个过程中，要格外注意域牌的表达不能沦为单纯的"地理要素提炼"，而要注重对人文价值的挖掘。其表达要在便于消费者记忆和理解品牌内涵的同时，与消费者进行情感连接，并随着市场的变化而更新，做到有继承有发展。在这个过程中也要时刻注意，"域牌"不等于区域宣传，其最终核心要落实到"域牌"系统的产品当中。

从"域牌"管理的角度来说，长沙需要将其常规化、有序化，因为"域牌"的最终目的是维护"域牌"资产，让其产生更长远而持久的"域牌"价值。以"域牌"下的文旅内容展开来说，鉴于旅游目的地品牌的公共性，我们建议以长沙市委宣传部为主导，以文化旅游局为主要牵头单位，成立区域文旅品牌管理组织，由长沙市委宣传部文旅局领导负责，吸纳本地旅游企业、旅游从业者、当地居民作为品牌的管理主体，各个主体各司其职，良性发展，从而充分调动长沙的吃、住、行、游、购、娱等多种产业功能。同时，长沙应在应对"域牌"危机方面事先做好充分准备，确立旅游目的地"域牌"危机沟通战略，制订并实施宣传推广计划，检查安保系统，做好危机调研，在危机发生的开始阶段，要谨慎高效地决策行动，通过加强沟通、宣传推广、制定措施等方式有效地化解危机，使危机的负面影响最小化。

长沙打文旅"域牌"的最终目的是要让自己产生更长远而持久的"域牌"价值，实现"域牌"的资产化，所以也要注重和长沙市委宣传部的整体部署相对接，扶持文化产业链龙头企业及领军型文创企业的发展，多管齐下地推进长沙文化旅游品牌的国际化进程，立足于将现有资源与"一带一路"和"走出去"倡议相对接。

2. 关于"东亚文化之都"活动的展望

在"域牌"的概念下，笔者认为未来"东亚文化之都"的评选应将文化的独特性作为重点考量标准之一。本文所举案例是为讲清"区域独特文化"对于"域牌"塑造的重要性而服务，不能作为此后参选城市照搬的范本。

"东亚文化之都"的评选意义不在于"先选者先优"或"先选者最优"，而是为了激发各地挖掘自身核心文化资源，提炼能直接反映该区域的文化底蕴以及区隔于其他区域的特色"域牌"口号，打造能让人感知和记忆的特色文旅区域。

广告业的"货币"变迁史[*]

一、造假的背后

2016年有两件事情值得关注：一个是12月13日中国电视制作产业协会正式启动收视率打假；另一个是美国Facebook公司宣布下架DSP产品项目，理由是虚假流量太多。表面上看，两者风马牛不相及，但观者心头不免萦绕一个问题——为什么要造假？

首先要弄清楚上述事件中所提到的诸多指标意味着什么？不论是收视率，还是互联网流量，本质上都反映了受众对特定媒体形态所承载信息的关注程度，例如收视率是衡量受众对电视媒体信息关注度的重要指标，照此类推，互联网流量亦如此。既然两个事件中的数据造假主要围绕着这些指标进行，那就说明这些指标有着非同寻常的分量，但为何重要呢？

根源还是在受众注意力上，它反映了特定媒体形态或产品对受众的吸引力，当今媒体资源丰富与信息爆炸的现实催生了近乎无限的信息供给。相较于信息供应的海量规模，信息消费的能力却显得捉襟见肘，尤其是受众的注意力，受人类先天生理结构的限制，变化不大且比较有限。对于媒体来说，谁能聚集更多的受众注意力，谁就能生存和发展下去。

从上述两个事件中我们有两点发现：一是不管是传统媒体还是新兴媒

---

[*] 本文原刊登于《中国广告》2017年第2期，收入本书时略有删改。

体，受众注意力的市场价值一直都存在；二是将受众注意力作为中介进行市场交换和变现的行为从未中断过。广告本质上是商业信息的传播，受众注意力在广告业中同样具有重要地位，人是广告活动的终极目标，正是因为有了人，企业的产品和服务才有了市场变现的可能。受众的注意力，是媒体和广告业赖以与其他社会组织进行交换的中介，有了它，媒体与广告业的服务对广告主（企业）而言才有价值，后者也才会心甘情愿地买单。在前述的两个事件中，造假的最终目的是让广告主买单，造假的手段是在数字上注水。这些数字不是凭空而生的，主要脱胎于对受众注意力进行评价的指标或体系。可以这样说，受众注意力的评价指标或体系在事实上充当了广告业的"货币"角色。

二、前生今世

既然受众注意力的评价指标或体系充当着广告业的"货币"角色，那么随着媒介技术的发展与媒介形态的演变，受众注意力的评价指标必然会相应地发生变化。从纸媒时代的发行量到电子媒体时代的收视率、收听率，无一不是受众注意力评价指标的具体形态，而每一次的变化，不仅是"货币"形态（即如何测量）的替代，更是"货币"发行权力（即由谁测量）的移位。

1. 前"货币"时代

大众媒介出现之前，此时的广告主要是人类的口头叫卖、旗幡等，广告信息传播的范围有限，注水行为也就无从谈起，信息传播的效果更多地依赖个体工商业者的信誉或口碑，信息传播的范围有限，受众注意力的评价指标在此时尚未构建，更谈不上成为广告业的"货币"了。

2. 金属"货币"时代

工业革命引发的城市化进程形成了大量的劳工群体，带来了现实的信息需求与消费能力，印刷术的成熟与普及为纸媒的兴盛奠定了技术基础，第二次工业革命之后出现的电视也具备了很强的大众媒体特征。报纸与电视成为这个时代的宠儿，对于广告主来说，在报纸或电视上投放广告成为这个时代的不二之选。面对数量如此之多的报纸与电视媒体数量，究竟投哪家？这就需要一个衡量的标准，于是报纸发行量与电视收视率成为这一时期衡量受众注意力的重要指标，自然也成为广告行业"货币"在此阶段的具体形态。在曾经的历史中，人们使用的金属货币从纯度很高的黄金过渡到白银，到后来在白银中加入铁、铜等其他元素，甚至干脆用铁、铜完全取代金，这就是变相的注水行为。同样的现象也出现在大众传媒时代对受众注意力的评估数据上，发行量与收视率上的注水行为在此阶段也开始出现。其实不难理解，发行量的数字绝对值越大，似乎越能显示更大的信息覆盖范围与影响力，也就意味着能够聚集更多的受众注意力。此阶段受众注意力的评估数据大都来自媒体本身或者具有深厚媒体背景的第三方评测机构，也就是说"货币"发行权掌握在少数媒体机构手中，媒体可以通过对"货币"注水（单方面夸大阅读量、收视率数据）变相提高自身广告产品的市场竞价与利润空间，但注水（也可以称为造假）这种坏习惯就此保留了下来并延续至今，成为广告业挥之不去的梦魇。

3. 纸币时代

互联网尤其是移动互联网出现之后，原有的媒体格局与生态被颠覆，这一时代最大的特征就是原来由少数专业组织掌握的媒体资源开始泛化，一个普通人也可以拥有自己的媒体渠道。媒介资源的泛化解构了传统大众媒体的权力，必然导致广告业的"货币"结构发生重大变化，以往对受众注意力的评测数据主要来自大众媒体，而在互联网时代，很多媒体型公司都掌握有媒体资源，也能提供基于互联网媒体平台的受众注意力测评数据。由此，受众注意力测评数据的提供方陡然暴增，广告业的"货币"市场进入了一个"三国杀"的混乱局面。

三、"三国杀"的现实

相较于前面两个阶段,互联网时代的广告业"货币"市场呈现出很多新特点,例如"货币"总量超发、"货币"发行权泛滥等,"货币"市场乱象丛生,各方势力纷纷涌入,颇有些三国时期群雄并起、纷争天下的意味。

1. "货币"总量超发

以往的行业"货币"基本就是收视率、发行量、收听率这些指标,到互联网时代,媒介资源泛化,广告投放细化,因而衡量指标更为复杂,有CPM、CPC、CPS、CPT、CPA等,数量之多,令人眼花缭乱,这就导致受众注意力测评产品的数量更为丰富。换句话说,整个广告业"货币"供应量大大增加了,甚至可以说相对于市场的总体需求而言已经有些超发了。

2. "货币"发行权泛滥

以往的行业"货币"发行权基本掌握在传统媒体与第三方评测机构手中,从总体上看这些组织一是数量少,二是这些指标和数据基本还是媒体自己说了算,"货币"发行权掌握在少数机构手中。而在移动互联网时代,很多技术型公司都声称可以提供传播效果测评体系与产品,甚至一些创业型机构都言必称大数据、精准,数量之多令人咋舌。我们不得不承认,移动互联网的到来,使得广告业"货币"原有的发行结构与权力被消解,"货币"提供者的数量大为增加,在事实上造成了"货币"发行权的泛滥。

移动互联网时代,广告业的"货币"市场呈现出多方角力的特征。一方面传统的"货币"发行方试图渗入互联网领域,比如央视的跨屏传播评估体系;另一方面,新的"货币"发行方也试图建立新的体系,很多互联网公司就宣称要打造全媒体效果监测平台。

四、当下之论

纵观广告业的"货币"变迁史,不难发现,广告对媒体的高度依赖使得受众注意力的测评指标总是与当时的优势媒体形态结合在一起。当报纸崛起时,阅读量就是衡量受众注意力的重要指标,自然也就是当时广告业的"货币";当电视兴盛时,收视率就是衡量受众注意力的重要指标,也就成为电视时代广告业的"货币"。而互联网时代,基于互联网媒体生态所生成的一众测量指标也就具备了成为广告业新"货币"的可能。反之,当占优势的媒体形态风光不再时,与之相对应的广告业"货币"形态也会逐渐退出历史舞台。

广告业"货币"变迁的背后,不仅是受众注意力载体的转移,也是媒体生态与格局重心的变化。受众注意力转移到哪种媒体形态上,针对受众注意力在此媒体形态上的评价指标也就相应地成为广告业"货币"市场的新宠。从这个角度上讲,受众注意力才是真正的行业"元货币"。

广告业"货币"的演变受媒介技术发展与形态变化的驱动,始终追逐着受众注意力转移的轨迹。随着互联网所带来的媒介格局与权力的解构,以往较为稳定的"货币"供应市场开始出现波动。"货币"发行权泛滥,"货币"总量超发,传统"货币"正在逐步失去市场空间与信誉,新的"货币"市场混乱不堪,"货币"信用缩水,新旧"货币"隔阂严重,真正适应媒介环境与产业发展实际情况、贯通各类型媒体的行业"货币"体系尚未建立。

甲乙恩仇录*

说起甲方乙方，各位最先想到的可能是冯小刚导演的那部同名贺岁片，但本文在这里讲的不是电影，而是广告行业中的甲方与乙方。

这两者的关系可以用这样一句话来概括："世界上最遥远的距离不是生与死，而是我是甲方，你是乙方。"事实上双方的关系远比这个描述更丰富、更生动。毛泽东讲"任何事物都有两面性"，甲乙二者的关系也是如此，既有合作与共赢，也有冲突与矛盾，寥寥数字岂能道尽双方的绵绵恩仇，其实仇倒是谈不上，但怨气多少还是有的。

在八卦甲乙双方的恩仇之前，让我们先认识一下二位。

一、何谓甲乙？

我们平时常说的甲方与乙方，主要指商业合同的双方，通常甲方是委托方，乙方是被委托方。在广告行业的惯例里，甲方指客户，乙方指广告公司。他们是生意的对立面，一个是花钱的，一个是收钱的；花钱的趾高气扬，收钱的卑躬屈膝，且服务周到，有问必答。在广告行业里，广告公司、公关公司、咨询公司、设计公司都算乙方。本文所谈的甲方指企业，乙方指广告公司。

在广告行业中，乙方要无条件地服从甲方，被"虐"是常态。乙方既然

---

* 本文原刊登于《中国广告》2017年第4期，收入本书时略有删改。

是服务方,自然要跟着甲方的节奏、需求、流程走,被指挥、驱使、呼来喝去甚至被"耍"自然也不奇怪,这种苦日子过久了,在乙方混得久的人自然会幻想着有一天可以去甲方,也过一下指手画脚、颐指气使的日子。这两者的关系远非恩爱夫妻,而是酸甜苦辣兼有,还真是一言难尽。以往,甲方在乙方眼中都是神一般的存在,不是有一句话嘛——"甲方虐我千百遍,我待甲方如初恋"。何以然?非不愿也,乃不能也。甲方是给钱的,是大爷,得罪不起,故几乎每个乙方都把自己的客户当爷爷一样供着,处于弱势的乙方稍有怠慢甲方就有可能"挥一挥衣袖,不带走一片云彩",而乙方呢,连声都不敢吭一下。甲乙二者看对方似乎都不怎么顺眼,在行业内也演出了一幕幕相爱相杀的现实剧:乙方指责甲方拖款、恶意比稿、抄袭创意、官僚习气等;甲方指责乙方缺乏对市场与消费者的深度洞察、执行力弱等。

既然现实中的甲乙双方关系如此纠结,那么甲乙双方又是如何相遇的呢?

二、一见不钟情

说起甲方与乙方关系的由来,不能不提到另外一个重量级因素——大众媒体。正是因为大众媒体的出现,才使得甲方与乙方有了发生关联的可能,翻翻世界广告发展史,就不难理解这一说法。

早期报纸出于对商业利润的追逐催生了广告业务,而不断攀升的客户与投放数量又加大了报纸的管理与运营成本,基于商品经济"专业分工+市场协作"的基本逻辑,广告业务外包是一个必然趋势,于是最早的一批媒体掮客出现了,这便是乙方的雏形。

后来随着业务发展,这批媒体掮客不但向客户兜售报纸版面,同时为了增加自身的竞争力,开始提供一些附加值服务——策划、创意、文案等,于是完整意义上的乙方——广告公司出现了。从这一刻起,广告行业才有了真正的甲乙双方。当然,随着行业的不断发展,乙方的阵营也在逐步扩大,除了广告公司之外,公关公司、设计公司等也衍生出来。

从甲乙双方的相遇不难看出两点：一是乙方的诞生源于甲方对于广告与媒体服务的专业化需求；二是甲方对乙方的需求源于降低自身的管理与运营成本。请注意，这两点不但决定了甲方相对于乙方的优势地位，而且影响了甲方判定乙方服务价值的标准。

就第一点来说，如果甲方认为广告或媒体服务不再具备专业化门槛，那么乙方所提供服务的价值就会受到质疑。如今甲方频频直接操刀广告业务的现象就是必然结果。

第二点更具戏剧性，甲方将服务委托给乙方的目的是降低自身的管理与运营成本，但如果乙方的服务在事实上相对增加了甲方的成本，或者说给甲方在客观上造成了这一错觉，那么甲方对于乙方服务费用的态度就会十分暧昧。2008年金融危机时，很多大企业为了降低运营成本往往先砍掉一些所谓的"软预算"，广告费用就位列其中，乙方那时的日子自然也好过不到哪里去。

由此看来，甲方与乙方绝非是"既生瑜何生亮"的关系，乙方对甲方并不是可有可无，甲方对乙方也并非不离不弃。走到今天这个境地，甲方与乙方都经历了什么样的往事呢？

三、往事怎回首

从甲乙双方产生联系的原点可知，媒体在其中扮演着至关重要的角色，可谓是"成也萧何，败也萧何"。甲乙双方因媒体而结缘，也因媒体而生怨，更因媒体而分裂。按照媒体发展的阶段性特征，广告行业甲乙双方的关系也相应经历了三个时期。

1. 你吃肉，我喝汤

得益于大众媒体时代相对稀缺的媒介资源，报纸与电视对广告市场具有强大的影响力，广告公司的业务结构也相应地以媒介代理为出发点，这种"强媒介"的特征贯穿了传统媒体时代的广告行业发展全过程，并在中国得到了强化与升级。媒介购买公司的出现就是一个例证，这种由4A广告公司孕育出的专业型媒介服务结构在极大地强化传统媒体广告投放优势的同时,也将广告公司与广告服务牢牢地绑在了自己的战车上,并野蛮挤压了中小广告企业的媒介服务空间,在一定程度上恶化了本就岌岌可危的"创意空心化"局面,最终使乙方服务的核心能力——创意与策划沦为毫无价值的随赠品,为以后的危局埋下了祸根。

2. 大难临头各自飞

年景好的时候,甲方与乙方的合作自不必说,大家都有银子赚,即使有一些小摩擦也是"非主流",但在光景不好时,则是另外一幅惨象。关于这一点乙方有着切肤之痛。2008年的金融危机使实体萧条、消费乏力,甲方面临着来自成本与绩效的双重压力,于是削减预算、裁员成为屡试不爽的法宝。前文已表,在双方的关系诞生之初,甲方就视乙方服务费用为成本之一,何况这时的甲方也是"泥菩萨过河自身难保",那么削减广告预算(乙方费用)就成了甲方的不二之选。甲方此做法的直接后果就是造成广告行业哀鸿遍野,大型广告公司利润明显缩水,中小型广告公司更是风雨飘摇,广告行业人心惶惶。

3. 始乱终弃

虽然说时局艰辛的时候,甲方会砍掉乙方服务的预算以渡过难关,但那毕竟是应时之举,一旦这个坎迈过去,甲方的广告预算还是会恢复的,乙方自然也能回血,但这一说法到了媒体环境发生根本性变革的时候就不成立了。当下乙方的境况可谓是"王小二过年——一年不如一年",究其根本原因,就在于当初构成甲乙双方合作关系纽带的媒体变化了,或者说双方关系的基础发生了改变。如今的大众传媒早已风光不再,除了少数国字号媒体与优质地方媒体之外,大多数传统媒体的日子都过得比较艰难,广告收入呈现断崖式下滑。移动互联网所具有的海量媒体资源以及技术门槛,不仅消解了乙方服务的根基,而且造成了乙方服务功能在事实上的泛化,一个直接表现就是广告公司不再是甲方寻求广告服务的上上之选,广告行业出现了"寒冬论"。面对快速迭代的移动互联网环境，乙方那套玩法已时过境迁，"大数据""云计算"这些名词对乙方来说不仅仅是新概念，更是他们无从下手的新世界。从此，甲方与乙方"大路朝天，各走半边"，分道扬镳。

四、罗生门

甲乙双方的恩怨颇有些"公说公有理，婆说婆有理"的味道，一时间令人难辨缘由。

在甲方看来，行业"僧多粥少"的现状使得乙方"有奶便是娘"，醉心于制造新概念糊弄自己，但对自己所服务的行业与市场却一知半解、缺乏耐心，岂不知乙方是夹缝中求生存，活下来是首要任务，翻炒新名词的神汉之举实属无奈，毕竟"外来的和尚会念经"。

在乙方看来，甲方一意孤行、官僚气息重、办事过于程序化，岂不知甲方是"一入侯门深似海"，内部复杂的层级、部门间的利益纠葛再加上风险分摊的办公室政治逻辑，岂是一个人能拍板的？"功夫在诗外"这句话乙方你永远不懂。

五、旁观者清？

甲方与乙方从相遇到相伴，又从相伴走到今天，此间乱象种种，如何才能抽丝剥茧、解决恩怨呢？这就需要从双方结合的根本原因上去找。乙方提供服务满足甲方需求，这就是衡量甲乙关系变化走向的关键性因素。既然乙方是为甲方的需求服务的，一旦乙方的服务满足不了甲方的需求，那么双方就有分手的可能，因此对乙方服务能力的观察与分析才是解决问题的关键。

众所周知，乙方传统的服务形式是代理制，乙方的服务能力主要分为三个方面：传播能力、洞察能力、表现能力。传播能力指广告公司运用合适的媒体将甲方的产品或服务信息传递给消费者；洞察能力指广告公司对甲方所处市场、行业、消费群体的了解与分析；表现能力指广告公司制作出能体现洞察结果并适应投放媒体特性的作品或活动等。了解乙方的服务能力构成之后，我们就可以清晰地看出甲乙双方分手的主要根源了。

首先在传播能力上，媒体资源的泛化使得广告公司不能再像从前那样依赖与大众传媒结成利益联盟（代理制）的方式获取传播力了，在层出不穷的新媒体面前，广告公司对于媒体的有限影响也丧失殆尽，沦为彻底的门外汉。再加上媒介技术变革解构了大众传媒的垄断地位，使得甲方直接建设或掌控媒体资源成为可能。其次在洞察能力上，以往通过问卷调查方式获得的数据与如今海量的互联网企业用户数据沉淀相比就像是沧海一粟，且在后者近乎实时的数据提取与分析能力面前，广告公司参与的是一场没有悬念的"龟兔赛跑"。最后在表现能力上，甲方不能忍耐广告公司对于自己所处行业与市场的一知半解，干脆自己直接操刀，而事后的良好效果与反馈也大大增强了甲方的信心。尤其是在突发事件面前，传统的广告代理制所形成的繁琐环节与漫长流程已经不能适应快速变化的媒介与舆论环境，甲方的快速跟进与应对反倒是兼顾效率与成本的良策。

从乙方的角度看，既然代理制在传播、洞察、表现这三个方面都有所弱化，从长远看甚至有被其他新型机构取代的可能，那么甲方的抛弃与远离自然也在情理之中。广告代理制的基础——媒体已经在经历重大变革，广告代理制的内容与结构自然也要做出相应调整。当然，乙方并非只能坐以待毙，而是完全可以根据自身条件与资源灵活选择竞争路径。大型广告集团在整合新兴媒体资源与提升数据服务能力方面仍然有着不可小觑的实力，不能轻言放弃。中小型广告公司应当"有所为、有所不为"，强化表现能力。创意热店的兴起不是偶然现象，而是广告服务能力定向化发展的必然产物。面对互联网新贵们的传播与洞察优势，乙方大可不必妄自菲薄，对特定行业与特定人群的质性分析即使在大数据盛行的今天依然有其独特的价值，而这来自多年的行业经验与积淀。

从甲方的角度看，广告的需求一直存在，并不会因媒体与市场环境的变化而消失，只是承担这一功能和服务的载体形态已经发生了变化。因此，不能简单地将乙方斥为过时，技术型互联网公司也并非灵丹妙药，而是"站在门口的野蛮人"，广告业边界的模糊不能抹杀广告需求存在的事实，乙方仍然

具备生存下去的能力和破局的可能性。

甲方广告需求的存在是乙方诞生的基础,也是甲乙双方维持关系的关键。随着技术、媒体、市场等外部因素的变化,甲方广告需求的内容与形式发生了剧烈变化,导致乙方服务的市场重新洗牌,旧的服务能力与机构退出,新的服务载体与形态上位。一言概之:铁打的甲方需求,流水的乙方服务。

中国广告业的"三国演义"*

2017年2月,分众传媒、广东省广告有限公司(以下简称省广)、蓝色光标这三家中国本土广告公司发布业绩信息,营业收入均破百亿大关,至此,中国本土百亿级广告巨头诞生。我们在为之喝彩的同时,也发现了一个有趣的现象,即这三家百亿级公司从地理位置上看分别属于三个城市——北京(蓝色光标)、上海(分众传媒)、广州(省广)。根据中国广告业发展多年来的统计数据,北京、上海、广州稳居中国广告经营额排行榜的前三甲,呈现三足鼎立的态势,它们不仅孕育了中国本土广告巨头,而且在整个行业发展进程中扮演了举足轻重的角色,可谓是现实版的"三国演义"。透过对三地广告业发展历史与特征的分析,我们或许可以一窥中国广告业的过去、当下与未来。

一、三分天下

众所周知,北京、上海、广州(简称"北上广")这三个城市不仅是中国城市 GDP 排行榜中的前三甲,同时也是中国广告经营额城市排行榜中的前三甲。不论是从广告行业规模的总量还是大型广告企业的数量,又或是广告人力资源的集中度上讲,这三个城市都是全国广告业的翘楚。从总体上看,北上广集聚了全国最优质的广告企业、最具影响力的广告媒体、最优秀的广告

---

* 本文原刊登于《中国广告》2017年第5期,收入本书时略有删改。

精英人才、最先进的广告技术、最前沿的广告理念，它们不仅代表了中国广告业最先进的生产力，而且还是承载这种先进生产力的平台。从这个意义上讲，北上广是观察中国广告业发展的典型样本，通过对它们各自发展轨迹与背后动因的探究，我们可以看见一幅中国广告业不断前行的壮阔画卷，"窥一斑而见全豹"。在这个三分天下的格局中，描述北京广告业的关键词是"媒体"，上海广告业的关键词是"外资"，广东广告业的关键词则是"技术与本土"，为何这样讲呢？

二、何以三分？

可以说，北上广所呈现出的广告业发展特征，恰恰反映了中国广告业发展过程中的几个关键变量——媒体、外资、技术等，三城各自的定位也是中国广告产业结构要素的生动体现。

1. 北京——媒体

毋庸置疑，北京拥有全国政治与文化中心的地位，云集了大量中央级媒体，其中不乏央视、《人民日报》这样的国字号招牌。曾几何时，央视一家的广告经营额就占据了全国电视广告经营额的半壁江山，央视一年一度的广告招标甚至成为反映中国经济发展的晴雨表。虽然其广告价格不菲，但是其唯一国家级电视台的天然品牌背书优势仍使得大量企业对其趋之若鹜，直到今天这一趋势仍未得到根本性改变，大量的媒体购买机构与代理公司云集北京就是最好的注解。北京集中了全国最强势的媒体、最优质的媒体代理机构，媒介广告经营额占城市广告经营额的比例之大无出其右。2014年北京广告经营额达1921亿元，占全国广告经营额的近三成，以媒体资源傲视全国，三分天下有其一。

2. 上海——外资

相较于北京全国政治与文化中心的位置，上海经济龙头的角色也是有目共睹的，不论是当下的 GDP 总额排名还是历史上"远东巴黎"的辉煌，都叙述着上海的经济传奇。有人曾这样说，近代上海的开埠，不仅使得其成为外资登陆中国的第一站，更培养了中国最早的白领阶层以及市民的契约精神，而后者对于赢得商业优势至关重要。历史的惯性再加上当时全国其他地区比较稀缺但在上海却习以为常的市民契约意识，使得上海成为外资再次登陆中国的不二之选。与其说这是一种怀旧情结和惯性使然，不如说是资本出于新环境的沟通与适应成本的考量。外资企业纷纷将区域总部迁至上海，这也成为上海发展总部经济的重要底牌。伴随着实体制造业的总部迁移，外资广告公司也将上海视为拓展中国市场的重要抓手，在一些外资广告公司的中国区架构中，要么将区域总部设在上海，要么上海分支机构的级别高于国内其他地区，更有甚者高于北京。上海，是外资广告企业的天堂。

3. 广州——技术与本土

相较于前两者在中国各自的强势地位，广州显得有些落寞，但这其实是一种错觉！当北京还是封建王朝的京师重地时，当上海只是长江入海口的一个小渔村时，广州已然是中国对外贸易的重要港口了，从唐代的市舶司到明清时代的"十三行"。新中国成立之后广州作为对外交流窗口的作用一直颇受重视，即使在波谲云诡的政治动荡时代，"广交会"也未曾中断。地理位置比邻香港，相较于内地，广州能够更快地接受更为前沿的资讯，能够更为方便地引入香港人才，其本土广告人才的商业意识与专业精神一直有目共睹。长期的商业活动浸淫再加上岭南特有的出海经商意识，孕育出了中国本土商业意识最为浓厚、市场思维最为活跃的地区。有赖于与海外的密切联系，广州人的血脉中一直有"敢为天下先"的果敢与勇气，以珠江电影制片厂为龙头形成的影视广告制作优势曾独步全国。广州依托香港在广告制作方面的硬件与人才优势，占据了国内的领先地位，当时的广州拥有全国最好的平面印刷与影视冲印设备，有全国最优秀的平面设计师与影视后期技术人员，以至于早期央视拍摄的广告片也要拿到广州去冲印。广州是中国广告业本土意识最为浓厚的地区之一，也是本土广告 4A 组织的诞生地。在经历过与香港同行的

短兵相接与长期的商业意识熏陶之后,广州的广告从业者逐步在市场竞争中由小变大、由弱变强,走出了一条本土广告公司发展的独特道路,丰富了中国广告业的发展模式与路径选择,而省广的成功无疑为该模式贡献了更具说服力的案例。

三、格局的松动

回顾历史,北上广作为中国广告业火车头的作用十分明显,而且从目前的情况看这一格局发生根本性变化的可能性不大。但这一格局并非铁板一块,某些局部已经有所松动,这种变化的背后既有深刻的技术、经济因素,也有广告业结构自身变化的影响。

1. 广州的落寞

中国经济发展至今,总量已位居世界第二,广告市场的规模也只稍逊于美国。以北上广为代表的一线城市虽然能够继续保持领跑者的位置,但早已不是从前的令人"望尘莫及",越来越多的跟跑者涌现出来,具备发展后劲的新兴城市大有后来居上之势,杭州、成都等城市的经济总量与城市影响力迅速攀升,已经具备区域中心城市的气质,甚至出现了深圳这种跻身一线的城市。这些城市不仅在广告经营额上增长迅速,在一些关键指标上(如大型广告企业与行业高端人才数量)也开始拉近与北上广的差距。广州就面临深圳的强劲挑战,后者超越前者在未来也是可能的,再加上随着特区不特的政策现实,广州面向海外的窗口优势大为减弱,这些都会导致广州广告业在未来有可能被反超。在杭州孕育了阿里巴巴、深圳诞生了腾讯之后,广州企业在新时代中的缺席只不过是其落寞前的序曲。

2. 北京的优势不再

新技术的兴起深刻改变了社会与市场环境,同时也推动了广告业结构的调整。移动互联网的发展在很大程度上解构了大众传媒的垄断地位,释放出了海量的媒介资源，传统媒体广告经营额近两年下滑明显，百度广告收入在2013年已经超过央视，一些互联网公司在事实上已具备了大量媒体资源，并相继推出了一系列广告产品争夺市场，广告主的预算开始明显向新媒体领域倾斜。再加上一些地方卫视的强势崛起，广告收入紧随央视其后，以往央视一家独大的局面已有所改观，北京的强媒体资源优势正在面临被稀释的危险。在这一轮技术变革中，旧人哭新人笑，深圳、杭州的互联网广告正在成为行业发展的新动力，以腾讯、阿里为核心形成了各自的新媒体广告生态圈与产业链，且已拥有支付宝、微信这样的现象级产品，后发优势日趋明显。可以预见的是，在媒体资源方面，北京的优势虽被削弱但仍位居榜首，新贵们（深圳、杭州）崛起速度惊人且不断逼近。

3. 上海的缺席

由于中国近些年对外开放的深入，内陆地区经济增长迅猛，招商引资力度加大，再加上外资企业基于成本压力与市场拓展的考虑推动业务向内陆延伸，中国一些内陆城市开始步入准一线城市行列，如杭州、成都等。它们对外资企业的整体吸引力在增强，已经有外资企业将区域总部转移至上海之外的城市，上海总部经济的优势地位开始动摇。高处不胜寒，上海经济增长的压力日益加大，制造业内迁的现实、上海高企不下的房价所形成的沉重成本压力、互联网催生的 SOHO 协作模式使得广告企业的内迁成为现实，而上海在移动互联网阶段没能成功孕育出现象级企业与产品的尴尬现实无疑会加重人们的这种猜测，同时面临邻居杭州的强劲挑战，上海能否保住新时期广告业发展的榜眼位置，尚未可知。

四、结论

从北上广三地广告业的历史变迁可以看出，广告业的发展是技术、经济格局、区域与城市发展等因素综合博弈的结果。北上广集天时、地利、人和于一身，才有了今日之地位。但随着外部环境与相关影响因素的变迁，三分天下格局的松动也未必不可能。若简单以成王败寇论之,未免有些武断,但成也萧何、败也萧何,当年的优势与辉煌反而可能会成为时下的羁绊与拖累。

1. 新的入局者

在中国广告业的发展历程中,不同变量的切入时间点有所差异,博弈的结果也呈现出历史阶段性特征。改革开放初期,广州之所以表现得更为抢眼,是其一直对外交流窗口的优势所赋予的;后来是北京,这是由于国有媒体资源集中赋予她的垄断地位所致;再后来是上海的崛起,这是中国对外开放扩大与深入的必然结果,也是上海重返中国经济中心的必然结果。随着对外开放政策的普及化以及内陆招商引资力度的增强,特区已经没有了当初的独特优势,政策红利已经基本丧失,这就有了广州近几年裹足不前的现实。移动互联网技术的发展,使得杭州成为电商第一城,并在互联网广告竞争中拔得头筹,相较之下,北京的传统媒体资源优势风光不再。三分天下的格局中已经开始出现深圳、杭州等新玩家。可以设想,在不远的将来,中国广告业第一阵营成员的数量还会继续扩大,最有可能的入局者是能够充分发挥技术变革之功效、充分运用政策之红利、充分释放创新之潜能的城市。

2. 庄家不倒翁

虽然存在破局的可能,但北上广并非只有消极等死的份,且不说瘦死的骆驼比马大,三地雄厚的家底就赋予其在面对困境时仍然有较大的回旋余地。北京虽然传统媒体资源的垄断优势面临着移动互联网的巨大冲击,但其国家级媒体的金字招牌已然拥有强大的市场号召力,在全国电视广告经营额整体下滑的情况下,央视依然一枝独秀,这并非个案,企业对于品牌宣传的本能需求是北京维持媒体优势地位的根源。更有可能的状态是,北京的传统媒体资源优势与其他城市的互联网广告优势互补,相爱不相杀。上海虽然面临增长乏力、产业内迁、房价高企的残酷现实,但其在现代服务业的发展方面有着无可比拟的历史积淀与领先意识,且有自贸区这类国家顶层的战略支持与政策倾斜，这些无疑为上海广告业提供了良好的外部支持与广阔的产业空间，也使得其未来充满了变数。广州虽然当下经常被唱衰，但其翻盘能力不可小觑，作为新时期"一带一路"国家计划南方桥头堡的角色仍然无可替代，广交会的影响力虽然已大不如前，但广州的对外商贸体量巨大，作为连接电商与制造业的重要节点作用仍未能充分发挥出来，"互联网+"与代工生产的有效衔接方式仍处于探索之中。一句话，广州虽然在新一轮的经济升级中稍显迟缓，但其潜力仍未完全释放出来，其卷土重来并非痴人说梦。

放眼未来，以北上广为龙头的中国广告业"三分天下"格局依然稳定，但局部已有松动的迹象。深圳、杭州等新贵们的加入已是事实，但它们要问鼎三甲仍需时日。后续究竟有哪些城市能够挤进这一方阵，关键在于其能否在中国经济转型升级、广告产业技术迭代、广告服务模式与产品创新等方面抓住机遇并及时形成清晰、独特的商业链条与产业生态群。三国犹在，群雄并起！

闲论品牌*

"品牌"于近期再度成为一个热词,这主要是由一件事引起的。2017年5月2日国务院批复国家发改委《关于设立"中国品牌日"的请示》,同意自2017年起将每年的5月10日设立为"中国品牌日",消息一出,引起了各方关注。学界、业界、政府等围绕品牌皆动作频频,成立协会与研究机构,开设行业与学术论坛,举行奖赛等,忙得是不亦乐乎。俗话说"外行看热闹,内行看门道",我们不敢自言是内行,但也想凑个热闹,聊上几句。

毫无疑问,设立品牌日是国家层面对品牌作用与价值的认可与重视,但同时也说明了中国品牌建设与发展中存在着诸多急需解决的问题。一言概之,品牌在国家战略中的位置与角色十分重要,但作用却未能充分发挥出来。"品牌"一词尽管来自西方,但有关品牌的实践在中国的历史中却源远流长,并历经了种种变化。

一、曾经的身影

"品牌"这一概念出自西方,但这并不代表品牌实践在此之前的中国是缺席的,恰恰相反,它在中国历史长河中留下了深厚的积淀与璀璨的浪花。我们现在经常念叨的老字号难道不正是品牌实践的历史形态吗?在这些老字号中,我们看到了经营者对产品质量极致追求的工匠精神,对顾客坚持信誉至

---

* 本文原刊登于《中国广告》2017年第7期,收入本书时略有删改。

上的服务意识,对合作者信守承诺的契约精神,这些对应的不正是今天在产品品质、用户服务、社会责任等方面所体现的现代品牌意识与思维吗?这些老字号就是中国历史上曾经的品牌,但当时的经营者并没有品牌理论的指导,他们更多地是凭借一种自发的意识去小心翼翼地维护店铺的声誉,努力扩大先辈历尽艰辛所积攒下来的家业。中国古代老字号的经营意识与行为,给我们今天的品牌之路留下了珍贵的历史遗产,也为我们留下了脍炙人口的文化记忆。品牌,是中国古代历史与文化的重要载体。

品牌在中国历史中的角色不仅仅是商战的工具,更是救亡图存的重要路径。近代中国积贫积弱,自1842年《南京条约》签订以后,古老帝国的大门被打开,从此沦为西方商品的倾销地与资本的游乐场。面对国家与民族的危亡,相较于文人的办报论证与大声疾呼,中国商人则举起了实业救国的大旗,与西方企业在中国大地上展开了一场场激烈的市场争夺战,南洋兄弟烟草公司与英美烟草公司长达几十年的角力不仅给我们呈现了令人眼花缭乱的营销招数,更是中国民族经济在步履蹒跚中艰难前行的生动写照。品牌,是旧时中国商人救亡图存的工具,是近代中国民族经济自强自立的历史印记。

从1979年改革开放到2001年加入世贸,中国张开双臂拥抱世界,从最早的来料加工到后来到海外设立工厂,在这个过程中,品牌一步步见证了中国国力的增强与行业竞争力的提高。康佳、长虹、海信等不仅仅是一个个品牌名称,更是家电业一步步从最早由日本产品一统天下到由中国企业产品主导的见证,这方面的案例举不胜举,联想之于PC业、京东之于零售业,无一不是中国国内企业做大做强的力证。事实证明,当初"狼来了"的担忧是多余的。品牌,是改革开放以来中国本土企业不畏强者勇于竞争、国家综合实力逐步提升的生动写照。

2010年,全球数据流量超过语音流量,此举被视为进入移动互联网时代。至今已近七年,这七年可能是中国社会变化最为巨大的一个时期,也是受新技术冲击最为剧烈的一个阶段。"互联网+"的理念成为国家战略,"中国制造"面临向"中国创造""中国智造"的转变,物联网的大潮已呼之欲出。互联网成为国家经济发展新的驱动力,成为中国制造业进阶新版本的重

要依托。以 BAT 为代表的一批互联网品牌不仅仅是融通消费、制造、零售等市场环节的连接器，AI、VR 等新技术更昭示着新的产业空间与可能。品牌，是当下以及未来中国经济转型和产业升级的助推器。

二、当下的乱象

尽管品牌实践在中国源远流长，但在今天，品牌可谓走到了一个十字路口，这其中有彷徨也有迷茫，当然也有种种乱象。

1. 空洞化

"品牌"在当下可谓是一个热词，人人嘴上都挂着，好像不谈品牌就会显得本人很 Low。嘴上喊得多，脚步却裹足不前。建设与发展品牌，固然需要口号的激励，但更需要切切实实的行动。品牌绝对不是虚无主义的遮羞布，而应建立在对产品和服务精益求精之上，不论你的品牌有多么高大上，服务消费者的需求都是基本命题，脱离产品与消费者去谈品牌就是耍流氓。中国改革开放这么多年，孕育出了这么多的品牌，但为何还挡不住国人争先恐后去日本买马桶盖？说到底，还是自己的产品不过硬。脚底没劲，自然站不稳。在品牌这件事上，还是说得多，做得少。

2. 泛化

中国人搞事情喜欢一拥而上，一说品牌，大家都一窝蜂地去说品牌、论品牌，"品牌"这个概念的范围不断在扩大，一时间似乎"品牌是个筐，什么都能装"。这种泛化的现象背后是急躁、短视的心理在作祟，透支的是未来与信任。真正的品牌是百年基业，需要一代接一代的承继与积淀才能形成，绝不是几次营销作秀或浩大的广告投放就可以铸就的。要做好品牌，需要的是专注与坚持，而恰恰不是现在这种盲目的跟风。"任尔东西南北风，我自咬定青山不放松"，恰恰是最稀缺的精神。

3. 异化

国家设立品牌日的初衷是为了形成全社会关心品牌发展与建设的氛围、提升社会与公众对品牌的关注度。出发点是好的，但在实际工作中往往存在念歪经的情形，以品牌之名行非品牌之实的情况比比皆是，还美其名曰"品牌搭台、资本唱戏"。品牌的生长需要时间与耐心，而资本则追求嗜血逐利、快速套现。二者联姻的结果注定是品牌沦为资本的奴隶，看似热闹，曲终人散之后只落得一地鸡毛。

三、救赎之路

面对种种乱象，品牌的未来之路何在？四个字：上天入地。

1. 上天

上天指积极融入服务国家战略，以"中国制造"的过硬产品质量夯实品牌基础，进而形成对国家形象的软性传播。品牌是国家形象传播的民间大使，优质品牌在国际市场的竞争有助于树立良好的大国形象，在普通民众中潜移默化地培养好感，收到"润物细无声"的国家形象传播效果。德国在当今国际舞台上的良好大国形象就与其严谨、优良的产品印象不无关系。对于当下的中国来说，认真做好每一件产品，做精每一个品牌，都是在为中国的大国之路添砖加瓦。

2. 入地

入地指品牌建设与发展的专业化，即专业人做专业事。正是由于有这么多非专业的人搅和进来，中国的品牌之路才波折不断。把专业的事情交给专业的人，才能持久与长远。一个品牌的发展需要持之以恒的耐心与投入，更需要超乎寻常的专注。当有一天，越来越多的专业人士参与品牌建设，当大家的心境远离浮躁，当所有人的目标都不是短期逐利之时，中国品牌的未来

自然就有了希望。

品牌,是中国历史、社会、经济发展中的历史积淀与固有积淀,是近代中国追求民族自强与尊严的亲历者,是现代中国国力增强与民族自信提升的参与者,也是未来中国经济转型与产业升级的助推者。"俯仰天地"是中国品牌与国家、民族同呼吸共命运的关键,也是中国品牌的内涵与精神。

中国广告业当下的主要矛盾是什么？*

党的十九大刚刚闭幕，会议报告中有关中国社会主要矛盾的内容尤其引人关注，对此问题的表述，以往我们耳熟能详的版本，是"人民群众日益增长的物质文化需求与落后的社会生产力之间的矛盾"，如今则是"我国社会主要矛盾已经转化为人民日益增长的美好生活需要和不平衡不充分的发展之间的矛盾"。十九大有关中国社会主要矛盾的表述是指导我们认识当代中国以及未来一段时期内社会主要矛盾的重要依据，从上述表述中我们不难得到两点启示：一是中国社会主要矛盾经历了一个历史的变化过程；二是当下中国社会主要矛盾的内容是什么。贯彻与执行十九大的精神，就是要把它与各行各业发展的实际相结合，具体到广告业，我们需要思考两个问题：一是中国广告业的主要矛盾在历史进程中经历了怎样的变化？二是中国广告业当下的主要矛盾是什么？对这两个问题的回答不仅需要回到中国广告业的历史发展长河中去寻找答案，而且需要对当下中国广告业的发展实际做一个全面的思考与总结。

一、历史中的主要矛盾

毛泽东在《矛盾论》中有关事物发展主要矛盾的论述有两条：一条是事物发展是由主要矛盾来决定的；另一条是随着外部环境的变化，主要矛盾本

---

* 本文原刊登于《中国广告》2017年第12期，收入本书时略有删改。

身也会发生变化。这就要求我们做到两点：一是从历史的角度去审视中国广告业的主要矛盾，发展阶段不同，主要矛盾的内容与表现形式也不同；二是准确识别与界定每一个阶段主要矛盾的具体内容与形态，这有助于我们按照矛盾变化的规律去推动行业发展，解决了该阶段的主要矛盾，就能极大地释放行业生产力，推动行业的更高进阶。

1. 发展之初

1978年，中央召开十一届三中全会，确立了"以经济建设为中心"的工作目标，改革开放的大幕徐徐开启。当时的国内企业可以分为两拨：一拨以国企以及后来崛起的乡镇企业为主，主要任务是打通市场、销售产品，它们对广告的理解主要就是在报纸和电视上刊登产品信息；另外一拨是沿海几个特区的合资企业，它们的产品主要是供应海外，所以广告业务基本上不会留在国内。

这一时期，中国广告业的主要矛盾就是基本空白的本土广告服务能力与本土广告主稚嫩的广告行为之间的矛盾。就广告服务能力而言，当时的中国基本上没有一家正规的广告服务机构，当时"点子大王"流行的现象本身就说明科班出身的广告人的缺乏。就实体经济而言，大多数国内企业对于现代营销与广告的认知基本为零，多数广告行为也是基于产品销售的需要。这一时期，中国广告业不论是从供给侧还是需求侧来看，水平都是很低的。

2. 高速增长

1992年，邓小平发表南方讲话，标志着中国改革开放进入一个新时期，经济开始高速增长，对外开放也逐步扩大。这个时期，国企改革开始启动，外资企业数量增加，市场活跃度提高，消费需求旺盛，这为广告业的发展营造了一个良好的实体经济环境。需要注意到，这一时期，外资广告服务机构开始进入中国市场并设立业务分支，对这一行为的表述不管是"鲶鱼效应"还是"狼来了"，都可视为中国广告市场国际化以及构建专业广告服务能力的开端。

这一时期中国广告业的主要矛盾是日益增长的本土广告主需求与落后的本土广告服务能力之间的矛盾。相较于本土广告业"小、弱、散"的现状，外资广告服务机构在资本支持、服务能力、流程与标准等方面拥有巨大优势，在竞争中攫取了大部分中国本土高端广告主，且一路攻城略地，兼并和收购了一些有实力的中国区域广告服务机构，对整个中国本土广告业形成了泰山压顶之势。那个时期历年的十大广告公司排行榜中，外资广告机构群星闪耀，本土广告机构形单影只。

3. 调整

伴随着中国经济的长足发展，中国本土广告业不断发展壮大，涌现出了一批能与外资广告服务机构一较高下的佼佼者，如广东省广告公司。但与此同时，外资广告服务机构仍然保持着较大的竞争优势，且其业务能力有进一步增强的趋势。它们纷纷成立媒介购买公司，针对中国广告市场"强媒介"的特征，运用强大的资本优势构筑市场竞争的门槛，打造自身的闭环服务能力。受中国经济"强投资、弱消费"的驱动因素的影响以及 1998 年、2008 年区域性与全球性经济危机的牵连，广告主在广告与营销方面的预算变得复杂起来，中国广告业在经历了一个较长的稳定增长期之后，开始面临诸多挑战，结构性问题开始凸显。

这一时期，中国广告业的主要矛盾是阶段性放缓的广告主需求与高速增长的中国本土广告服务能力之间的矛盾。受经济危机的影响，广告主纷纷缩减营销预算，广告业是一个寄生性服务行业，也因此受到牵连。从表面上看是僧多粥少，实则是广告主需求升级换代的前夜，而广告服务机构对此却浑然不觉，后来的形势发展证明了这一点。

二、现阶段的主要矛盾

理解当下中国广告业的发展环境离不开两个重要环境变量：一个是移动互联网的发展，另一个则是"一带一路"倡议。移动互联网的发展使得几乎

每个行业都面临"三千年未有之大变局",广告业同样也难以置身事外。媒介资源与格局的解构、广告主营销意识与思想的变化、广告服务机构形态的迭代与更替,等等,都是中国广告业正在经历阵痛的表征。需要特别说明的是,面对移动互联网所带来的整体性颠覆与挑战,不管是中国本土广告服务机构还是外资广告服务机构,都面临着同样的考验,4A公司的业界神话不再延续,面对互联网技术型公司这个"门口的野蛮人",大家的日子都不好过。"一带一路"倡议的背后是中国实体经济国际化与全球化的步伐,大量制造业品牌走出国门,它们必然需要伴随式的广告与营销服务,试问中国本土广告业能提供这样的服务吗?对于这个问题的回答恐怕没那么简单。"一带一路"倡议更是对中国国家形象的全球化塑造与传播,这其实是更高层面的广告与营销传播需求,试问中国广告业目前能够提供国家形象全球化沟通的智力支撑吗?这个问题恐怕也不那么容易回答。

当下中国广告业的主要矛盾有三个:一是前沿的移动互联网广告实践与滞后的广告意识、思维之间的矛盾;二是升级换代的广告主需求与落后的广告服务能力之间的矛盾;三是中国实体经济、国家形象全球化的需求与羸弱的国际化广告服务能力之间的矛盾。

三、结论

中国广告业的主要矛盾虽然在历史与当下有多种内容与呈现形态,但我们在看待这些变化时,不能被表象所迷惑,要透过现象看本质,牢牢把握两个逻辑主线:一是生产力与生产关系的矛盾;二是供给与需求的矛盾。从前者来看,中国广告业的主要矛盾在特定历史阶段的内容与形态正是该阶段生产力与生产关系矛盾的具体体现,而中国广告业主要矛盾的变化正是生产力与生产关系矛盾运动的结果。不论是广告主还是广告服务机构,它们之间的关系都是中国广告业生产关系的重要组成部分,这两者之间的关系理得清、理得顺,就能够推动行业生产力的发展。反过来讲,它们之间在历史上以及当下的种种不和谐,正是由于不能适应行业生产力的发展,中国广告业主要矛盾的变化也是中国广告业供给侧与需求侧矛盾运动的结果。就中国广告业的发展而言，不论在哪一个历史时期和阶段，它都会面临广告需求与广告服务供给之间的问题，这个问题解决得好，广告业的发展就顺利；这个问题解决得不好，广告业的发展就会面临阻碍。带着这两个主线审视当下，面对种种乱象、异象，我们就不难明了，广告主的移情别恋、互联网技术型公司的崛起、个体创意人的走俏，无一不是生产力与生产关系矛盾运动的结果，也同样是广告需求侧倒逼供给侧变化的例证。

此"广告"非彼"广告"？*

一个行业和学科的发展进程中，总是会诞生出很多概念，有些概念在经历了岁月洗礼之后仍然屹立不倒，有些概念则随着时代与行业的发展而逐步退出历史舞台。这些概念看起来虽然很细微，却能反映出一个行业和学科发展的历程，其自身也是行业与学科发展的沉淀与痕迹。通过对这些概念的探究与分析，我们往往能看出学科与行业发展中的一些问题和情况，收到"一斑窥豹"的功效。下面我们就来谈谈一组概念，这组概念在平时大家习以为常，但如果认真加以观察和思考，我们便会发现它们远没有表面看起来那么简单，这一组概念就是"新媒体广告"与"互联网广告"。

一、概念的乱象

虽然"新媒体广告"与"互联网广告"这两个概念用得很普遍、很频繁，但细细品来，我们会发现其中存在着诸多乱象。一方面，当下业界与学界对如何使用这两个概念并未达成共识，有的偏向于使用"新媒体广告"，有的倾向于使用"互联网广告"，且对于概念使用的限定条件与前提也没有进行清晰的界定，基本上给人一种随心所欲的感觉。另一方面，伴随着互联网尤其是移动互联网的发展，广告新形态层出不穷，"互联网广告"这一概念本身也需要不断换血，充实新的元素与内容。反观"新媒体广告"，它稳坐钓鱼台，任

---

* 本文原刊登于《中国广告》2018年第1期，收入本书时略有删改。

尔东西南北风，我自岿然不动。难道真的有这样包打天下和一劳永逸的概念吗？尤其是放在广告业面临"三千年未有之大变局"的当下，就连"广告"这一核心概念也面临着诸多挑战与考验，亟待变革，"新媒体广告"就能独善其身、老而弥坚吗？

这些乱象的存在不是偶然的，要想揭示乱象的根源所在，就需要回到历史中去，回到概念诞生的轨迹中去，用复盘的方式去重新梳理概念形成的社会环境与成因变化，如此才能剥茧抽丝，接近真相。就"新媒体广告"与"互联网广告"这一组概念而言，倘若从其各自诞生的背景、具体的所指、使用者的身份等方面来进行分析，结论可能也会更靠谱一些。

二、分析的思路

1. 诞生的背景

"新媒体广告"与"互联网广告"两者之间是一个什么样的关系呢？如果要回答这一问题，首先需要回到"新媒体广告"与"互联网广告"各自诞生的背景。从两者诞生的时间来看，基本处于同一时间段，根据笔者在CNKI（中国知网）上以篇名含"新媒体广告"作为条件进行的搜索，按照时间排序的方式，"新媒体广告"这一概念最早出现在1997年，而按照同一标准去检索"互联网广告"，最早出现在1998年，前后相差一年，可以说两者在中国出现的时间点是极其接近的。让我们再来仔细审视这两个时间——1997年与1998年，这两年，中国互联网的发展刚刚拉开大幕，这个时候的"互联网广告"相较于以往传统媒体的广告形式，不正是一种新的媒体广告吗？正是由于"互联网广告"相较于传统媒体广告所具备的新形态，使得其成为"新媒体广告"的不二所指。因此，在其后的一段时间里，"新媒体广告"与"互联网广告"在实际使用与人们的认知中存在着通用的事实。有关这一点，在同时间段CNKI的文献检索结果上也得到了印证，很多讲"新媒体广告"的文章在具体内容上指的就是"互联网广告"，或者说具体点，就是门户时代的"互联网广告"。

2. 所指的差异

从上面的分析可知，在中国互联网的门户时代，"新媒体广告"与"互联网广告"这两个概念是和谐共处的，但是之后呢？如果说这两个概念之间在事实上的互换与通用是适合当时"互联网广告"发展情形的话，那么进入到移动互联网时代，这两个概念已经在事实上分道扬镳了。移动互联网时代层出不穷的广告新形态与新实践不断丰富着我们的认知，也不断突破着我们的思维上限，一些新的广告形式不仅仅体现在媒介载体与技术的变革上，其本身的内容组合要素以及与销售之间的黏合度也已经发生了变化，比如很多移动互联网的广告本身变得越来越原生化、故事化，自身营造心理场景的功能也在增强。"淘直播"的兴起也不仅仅是"直播+广告"那么简单，它是销售与广告的有机融合与统一。这足以说明移动互联网时代广告形态的丰富性与广告变革的波及范围。"新媒体广告"这个概念的重点在"媒体"二字，如果说它应付那些侧重点在媒介载体与技术变革上的新形态还凑合的话，那么它在面对那些从内容与效果层面都发生了深刻变化的新广告形态时就显得力不从心了。从行业实践看，"新媒体广告"与"互联网广告"在具体所指上已经开始各走各路了。

3. 使用者的身份

前面说的是由于广告新形态的出现与行业实践的推动，"新媒体广告"与"互联网广告"这两个概念和谐共处的局面被逐步终结，其实我们如果从另外一个角度去看待这个问题的话，也会发现类似的结果，但个中缘由却值得品味。起码从业界与学界各自的使用偏好上看，这个趋势非常明显——业界似乎更为偏好"互联网广告"，而学界对"新媒体广告"则一直未轻言放弃。这种混用的局面一直持续到今天，也造成了当下的我们在认知广告时出现混淆与模糊的现象。相较于"新媒体广告"这个概念，"互联网广告"在所指上更为具象，起码我们在看到其名称的时候会大概有一个对应的范围。"互联网广告"这个概念就是指互联网成为一种媒介之后在其上面发布的广告形式。那么,"新媒体广告"呢?它的所指似乎并不那么清晰,当然在1997年、1998年的时候可能暂时是清晰的,起码那个时候它指的是"互联网广告"。但之后呢?如果说它的所指和"互联网广告"是一致的,也包括了之后移动互联网广告等新形式,那它自身的独特性在哪里呢?试想,两个名称不一致的概念却所指相同,是不是一件很奇怪或者说很搞笑的事。

为何这两个概念在两个不同场域中的应用差别如此之大?是学界与业界的刻意区隔?还是两个话语体系之间的对抗?这恐怕得回到各自的生存逻辑中去找答案。"新媒体广告"这个名词之所以诞生并在学界得到广泛使用,主要原因恐怕有两个:一个是当时侧重媒介研究的新闻传播学学科逻辑;二是"强媒介"不仅是当时中国广告业的通病,也是中国广告教育在课程设置与学术研究中的重点,可以说这两个因素一直到今天仍然发挥着作用。一个概念的形成尤其是学术概念的使用有着强大的历史惯性,这一点在"新媒体广告"上表现得非常明显,即使这一概念的所指在今天的行业发展面前已经显得力不从心,但仍然有学者在教学和研究中频繁地使用。另外有一个事实我们不得不面对,这就是当下的中国广告学术研究已经严重滞后于行业发展现状,一个重要表现就是学术概念缺乏更新与变化,不能同步于行业前沿。反观业界,互联网发展的一个重要结果,正是解构了之前传统媒介的垄断地位,进入移动互联网时代后,这种趋势表现得更为明显。业界没有学界的那两个沉重的包袱,自然在使用概念上更加强调突出主体,满足自身交流与沟通的需求。

三、正确的概念观

通过对"新媒体广告"与"互联网广告"这一组我们耳熟能详的概念进行剖析,我们得以了解广告学术研究与广告业发展之间存在着诸多脱节的情形。更为重要和急迫的是,我们需要对目前的概念进行反思和重构,建立正确的概念观,以适应行业的发展与需求。

不可否认,"新媒体广告"这一概念在历史上曾经起到了积极的作用,尤

其是在广告教育与学术研究方面,它为争取自身存在的合法地位与新学科分支的发展立下了汗马功劳,这些贡献不容抹杀也同样不容忽视。但广告教育与学术研究的发展应当根据行业的发展而与时俱进,它需要用自身的变化去适应变化的外部环境。我们既不能躺在之前的功劳簿上睡大觉,也不能用之前的成绩去阻碍以后的发展,更不能让之前的努力成果成为之后变革的羁绊。我们不能用"新媒体广告"这个概念大箩筐去装之后出现的所有新广告形态和形式,如果真是这样,说得严重点,这就是变相的懒惰与懈怠。面对日新月异的行业发展现实与前沿动态,我们应当密切跟踪前沿动态,积极回应业界需求,这样的广告教育与学术研究才是有源之活水,也才具备了可持续发展的动力。

我们需要对一些基本概念进行正本清源的梳理,搞清楚它们各自的内涵、所指、使用范围与前提等,不能一窝蜂地乱用。正确地界定与使用概念是一个学科和行业走向成熟、规范的重要标志,这一点对于中国广告业发展、广告教育与学术研究来说尤为重要,正所谓"名不正则言不顺"。

淘汰不合时宜的旧概念,建构适应行业发展的新概念,清晰界定概念的内涵与所指,正确地使用概念,只有这样,中国广告业的发展才能逐步杜绝那些概念乱象,中国广告教育与学术研究也才能逐步走向规范并良性发展。一句话,使用正确的概念,正确地使用概念。

广告的内容化[*]

"内容"无疑是当下的一个热词,不论是有关内容生产 UGC、PGC 或 MCN 模式的争论还是内容创业的商业变现探索,都在传递着一个基本事实——内容,是当下互联网时代的重要议题。内容与广告相遇,两者会发生怎样的碰撞呢?

一、传统的关系:若即若离

谈到广告与内容,传统的看法是先有内容后有广告,比如以往的电视台,有了好的节目或栏目内容,才能吸引大众的眼光,收视率才会上升,栏目才具有广告价值。正因为这样,也有人认为只有把内容做好了才能吸引广告,这就是先有内容后有广告的说法。细细想来,其实这种说法似乎有一定的合理性,不论是传统媒体还是互联网都遵循着这个法则,传统媒体知名节目与互联网综艺节目的广告冠名费一路攀升就是例证。如果我们细究造成这一现象的根源,内容与渠道的合体可能是一个主要因素。以往内容做出来之后需要通过一个合适的渠道才能进行传播,在这个逻辑中渠道是关键和核心,有了渠道,内容才能传送至受众,才能对受众产生吸引力,广告则是依托内容对受众形成的吸引力借由渠道进行传播的。在这个逻辑体系中,渠道是核心,内容是引擎,广告则是一个借路的过客。不要小看这种发端于工业时代的商

---

[*] 本文原刊登于《中国广告》2018 年第 7 期,收入本书时略有删改。

业变现方式，它的存在合理性超乎你我的想象，到了互联网时代，流量至上的说法已成共识，各大互联网巨头通过产品在各自平台上黏连大量用户，其本身已经具备了渠道的特征与功能，一些好的内容同样要通过这些互联网平台的推荐才能得到大家的关注。从这个角度讲，互联网公司的商业模式中注定无法缺少广告的座席。

二、新关系：命运共同体

广告与内容泾渭分明的做法近几年有了新的变化，这就是"自来水"现象，通俗地讲就是一些优秀内容被用户自发地分享与扩散。这种现象首先在一些自媒体上体现出来，自媒体大号的一篇干货文章往往可以实现在特定时间刷屏的效果，动辄10万+的点击量背后是用户自愿卷入传播流程的结果，换言之，是用户自身成为了内容传播的渠道。随后一些营销机构逐渐认识到这种现象背后的商业价值（省去购买渠道流量的费用），开始制作一些自带流量的营销内容信息，比如去年刷屏的《世界再大，也大不过一份番茄炒蛋》。在这些引起刷屏的行业现象中，我们能够看到广告与内容正逐步彼此融合，彼此之间的边界正在消失，这就是广告的内容化。从用户的角度看就是广告不像广告，看起来越来越像一个故事片，从形式上看广告变得越来越"长"、越来越"重"。从企业的角度看，传统硬广的效果在下降，只要能够吸引用户，任何广告信息组织形式都可以为我所用。从营销机构的角度来看，甲方思维与用户口味的变化是大势所趋，墨守成规、故步自封的结果只能使传统广告穷途末路，新的玩法倒是给广告业带来了一线生机与希望。

三、透过现象看本质

1. 内容的去媒介化

近年来频频出现的刷屏现象其实大多与广告业有关，前有百雀羚的长图文广告，后有 999 感冒灵的《总有人偷偷爱着你》以及《谢谢你，陌生人》视频，它们都有一个共同特征，就是广告的内容化。广告的内容化并非是什么新生事物，与之相联系的概念就有原生广告与内容营销等。它的崛起并非偶然。从体验上看，用户有获取资讯内容的天然需求，不在这里获取就会在那里获取，广告内容化的目的就是获取流量和提高用户黏性。从购买动机看，广告需要激发用户的购买兴趣。而如果广告的内容化有很强的代入感，就能够激发用户的购买欲望。

广告之前更多的是依赖媒介渠道，内容负责导流，带来流量，这个模式横跨互联网与传统媒体时代。现代的玩法则是内容脱离媒介，背后是媒介体系与生态的深刻变化，自媒体的议程设置和话题制造能力日益强悍，内容成为自媒体的核心竞争力，新的内容形态与内容平台层出不穷。

2. 用户的渠道化

广告内容化的一个重要前提是用户本身成为渠道，好的内容能使用户产生共鸣并自愿进行传播，这样用户在好的内容面前就变成了承载渠道。前面讲的那几个引起刷屏的广告视频都是通过用户自行分析和传播最终形成现象级广告内容化操作的经典个案。用户的渠道化不仅意味着大平台渠道与流量垄断格局的松动，更传递着一个强烈信号——用户口味的升级，真正好的内容是不会被淹没的。

3. 社群的内容弹性

当下的用户越来越"物以类聚"，按照类似的喜好与相同的价值观进行聚合并展开沟通。如果相关内容的调性符合特定用户的话语体系与价值认同，那么即使这个内容是广告，用户也愿意进行社群内的分享与传播。用一句简单的话说，就是只要你懂我，哪管你是谁。这与以前我们传统认知中受众对广告的抵触情绪和态度大不相同，内容也好，广告也罢，关键在于对用户心理的准确把握与契合。对于用户来说，不管你是广告还是纯粹的内容，只要能够引起我的心理认同与情感共鸣，我就喜欢，就愿意主动去分享和传播。

4. 渠道流量的被动性

以往的渠道在互联网传播生态与体系中占据中心位置，不管是门户互联网时代的各大门户网站还是如今的 BAT 等，谁掌握了渠道谁就占据了流量制高点。如今这一格局已经开始松动，以渠道为中心的互联网传播体系正在逐步转向以内容为中心的新传播体系，以内容撬动渠道并非痴人说梦，业界在此方面不仅有成功的案例，更已经探索出了一条可行的商业模式。

广告与内容分分合合关系的背后，其实是用户信息接触行为与媒介格局的深刻变革，广告的内容化只不过是树上结出的果实，根源仍然是用户、渠道、甲方三者的变化。这些广告内容被用户自愿和主动转发、分享的背后，是尊重消费者，与消费者的沟通回归到人的本性层面，说人话。说到底，影响广告与内容关系的基本要素和变量并没有改变，"把消费者和用户当人看"这句话也没有变过。初心未曾改变，只是在新的环境下换了新的玩法。

四、走向何方

广告内容化未来的趋势如何，回答这一问题需要关注两个重要变量：一个是内部变量，即广告内容化的生产流程；另一个是外部变量，即广告内容化的商业变现模式与逻辑。

1. 广告内容化的生产流程

这一波波的刷屏现象并不只是依靠所谓头脑风暴和创意这些空洞的概念就能完成的，其背后是一整套扎扎实实、具备可操作性的生产流程。从对用户数据的抓取与分析，到对用户话语的情绪语义识别与提炼，以及对用户心理转向的准确预判等，这是大数据在广告内容生产方面的具体落地与应用，包含了话题选择、内容形式以及转发逻辑等一系列具有很强可操作性的环节。这种标准化操作流程的建立，一方面能够保证数据转化与落地的效率、速度，另一方面也是广告内容品质得以保证的基础。

2. 广告内容化的商业模式与逻辑

从今年（2018）的行业实践情况来看，很多企业和营销服务机构都正在尝试广告的内容化这种新形式。我们必须承认，任何一种创新的出现必然会引来大量的模仿，一波接一波，蜂拥而上。一个企业或营销服务机构产出几个刷屏的广告内容并不稀奇，毕竟"风水轮流转，今天到我家"。问题的关键在于，如果我们将广告内容化上升到一种商业模式和逻辑来看待，就涉及一个可持续性的问题。这个可持续性分为两个方面：一个是可持续的内容生产与提供能力；另一个则是可持续的盈利能力。对很多走在这条路上的公司与营销服务机构而言，能否将广告内容化打造为一种新的商业变现模式，是在未来是否能保证自己具有持续竞争力的关键。可喜的是，已经有公司在此方面先行一步，进行了有益的尝试。

另眼看"精准"*

个性化是当下的标签之一,也就是说"个性化"已经成为一种时代现象——个性化的商业模式、个性化服务、个性化医疗、个性化体验、私人定制等,五花八门。从广告的角度讲,"个性化"现象的出现,就必然涉及一个问题,那就是"精准"。试想如果要满足每一个消费者或用户各自不同的需求,就需要把一个个产品和服务的有关信息推送到有对应需求的人面前,把一个个具体的产品和服务与有需求的人进行有效的连接,这样才能让"个性化"不只是一个空洞的概念而具备在商业上落地的可能性。有了"精准",我们才能更加细致地描绘用户画像,才能更加清晰地了解每个人的需求差异,也才能更加高效地解决每个用户的痛点。目前关于"精准"的认知,有很多种说法,今天我就谈谈自己的看法。

一、营销眼中的"精准"

根据营销管理学大师科特勒的观点,包括广告在内的现代营销活动的核心在于实现用户价值。以此类推,商业行为的全链条包含了用户价值识别、用户价值提供与用户价值交付三个主要环节,而对于"精准"的追求可以在以上三个环节提高商业活动的效率,提升商业服务的质量,进而提高

---

* 本文原刊登于《中国广告》2018年第8期,收入本书时略有删改。

用户的满意度。

在用户价值识别上，以往的做法是通过问卷调查、小组访谈等手段取得用户的片断式信息，这些信息再融合企业经营者多年商业经营所形成的直觉与经验，最终形成对目标市场群体的模糊性印象。之所以说它是模糊的，主要是它缺乏对每一个个体的差异性描述，而是将大量的个体视为一个抽象的"虚拟人"。随着技术的发展，用户价值识别的精准性逐步具备商业可行性，而"精准"在用户价值识别上的体现，一个重要前提就是它能够有效地采集反映用户行为与心理的相关数据。目前体量最大、最典型的用户行为数据就是电商平台的消费购买数据以及与之关联的支付数据，而用户心理数据最典型的就是UGC类的碎片化内容，比如微博以及具备社交属性的平台所沉淀的用户评论，我们可以从情绪语义角度对这些评论加以反向分析，以此来推断用户心理与价值观的特征。需要强调的是，以往的广告活动在用户画像上很难做到精准识别，因此很难在内容生产环节提供更有针对性的创意元素遴选、表现风格小众化呈现等服务。

在用户价值的提供与交付上，以往的做法是通过刊载在大众媒体上的广告进行信息告知，同时通过渠道商的物流与铺货将产品输送至直接触及消费者的零售终端，这两者之间只是一个基于企业方管理角度的简单协作关系，销售数据与广告预算只是一个单向量的相关关系，我们对其背后的复杂成因只能靠推测。目前在用户价值的提供与交付上出现了两个重要趋势：一个是广告与销售的合体，即将商业产品和服务信息的告知与销售链路打通，实现消费者的即看即买，减少中间可能的流失环节，最大限度地提升销售转化率，这也是广告效果考核偏向市场业绩的原因使然；另一个是通过对用户信息接触行为的分析，实现在用户媒介终端的点位化管理以及内容呈现上的个性化结果，"千人千面"并不是简单的技术呈现，而是广告信息传播流程与策略的再造。

一言概之，"精准"对于营销的意义在于它能够增强用户价值识别的真实性与客观性，能够提高企业和营销服务机构交付用户价值的效率与质量。

二、"精准"与广告的纠葛

广告的本质是一种商业信息传播工具，作用在于提升商业活动中的信息交流效率，精准性在广告中的功能体现也主要围绕着这一目标进行。我们谈到"精准"在广告中的应用，通俗的说法就是"把特定的内容传送给合适的人"，比如一个人口渴了，我们把有关饮料的信息投送给他，就可能会刺激他的消费与购买欲望，同时也满足他的需求，进而实现产品和服务的商业价值。"精准"与广告一旦结合，就形成了两个概念——"精准性广告"与"广告的精准性"。很多人在使用时往往把这两个概念等同起来，或混为一谈，其实这是错误的认知，二者既有联系，也有区别，不能混为一谈。

1. 广告的精准性是一个趋势，而精准性广告则是一个阶段

从历史的角度看，广告主对于"精准"的追求始终存在，只是受限于技术条件而无法完全实现，一旦在技术和商业形态上有了一丝缝隙，广告主对于"精准"的技术和产品实现就会有落地的冲动，而这种可能和冲动的实现程度都与特定历史阶段所赋予的可能性有关。从技术的角度看，广告媒介投放的历程就是一个不断缩减模糊性、提升确定性的过程，从之前的大众媒体点对面的广播式覆盖到当下针对每个人呈现不同内容的"千人千面"，这个过程不仅是广告精准性不断提升的过程，同时也是实现个性化投放的精准性广告手段与工具不断出现、丰富的过程，而这种丰富的边界与可能性则是受到具体历史阶段的外部条件制约的。

2. 广告的精准性是终极追求和目标，而精准性广告则是工具和手段

自广告诞生的第一天起，对于掏钱做广告的企业来说，广告意味着成本，广告的精准性不仅是企业对有关产品或服务的信息传播效果进行评价与衡量的关键KPI，也是企业对广告预算的ROI进行量化的逻辑起点。为了实现广告信息传播的精准性，人们在时代所赋予的技术可能性与可行性范围内进行

了不断的探索，孕育出一个个具有鲜明历史阶段性特征的精准性广告传播工具，从早期的DM、平面媒体与电视媒体基于受众群和内容差异而形成的大类定向投放，到如今根据受众在内容、媒介终端等方面的偏好而产生的媒介触点与用户体验管理系统，它们都属于精准性广告工具的范畴。

3. 广告的精准性指导思想和思路，而精准性广告则是结果与产物

广告主在规划自身广告业务时，会将精准性作为一个基本思路下意识地贯穿其中，比如会将其作为衡量广告服务机构在用户识别与画像、媒介渠道传播与规划、广告信息传播效果评测等方面服务能力的重要标准。精准性广告更像是这种思维树上结出的果实，比如广告服务机构为了应对广告主在广告活动各个环节上对"精准"的追求而开发出一系列的广告工具，这些广告工具都能在特定环节实现一定条件下的精准服务功能。随着技术的发展与商业形态的迭代，这些具体的广告工具会不断演变，但从本质上讲都属于精准性广告。

三、"精准"概念背后的甲乙逻辑

精准化已经成为如今广告业的台前共识，甲方（广告主）在讲它，乙方（广告服务机构）也在讲它，但甲乙双方各自背后打的算盘可能就不一样了。

对于甲方来说，任何一个企业自诞生那天起就面临着两个如影随形的压力问题——成本与增长，之后它的任何行为从本质上来讲就是在这两个问题之间取得一个平衡点。甲方对于广告的态度与观点也必然受此规律的支配，一方面，广告主视广告预算与投入为成本，因为这些钱大多数是在还没有卖出产品赚取利润之前支付的，算作垫资；另一方面，广告主希望通过投放广告提升自身产品和服务的市场影响力与竞争力，扩大市场份额，提高盈利能力。故广告主追求精准性首先是出于成本控制的考虑，毕竟"另一半的广告费花在哪里了？"是压在他们心头的一块巨石，精准的广告对于广告主来说最直接的意义就是可以减少浪费、节省银子。广告主追求精准性也是为了提

高业务的增长性，信息传播效果与效率的提高可以促进销售转化，提升市场份额与增加利润。一句话，"精准"可以帮助甲方在成本与增长之间收到超过以往的优化效果，这也是解决两者平衡问题的一个有效路径。

对于乙方来说，满足甲方需求是其生存之本。广告服务机构追求精准性，一方面是迎合广告主的需求，另一方面也是为了在激烈的业务竞争中凸显自己的服务能力与水平。其实就精准性而言，最积极和最主动的莫过于广告主，广告服务机构的业务定位一直围绕着广告主的需求在转。之前由于受限于技术条件，广告主只能接受那种点对面的大众媒介传播模式，而广告服务机构在这种模式下基本上沦为媒体掮客，掌握媒介资源与渠道才是王道，创意沦为买一赠一的地摊货，乙方倒也乐得在漫天的经营流水账与稀里糊涂的甲方传播预算中分得一杯羹。那个时候谈"精准"无疑是痴人说梦，精准化一方面在当时的实操层面无法实现，更为重要的是它会打烂众多乙方原有安稳的金饭碗。

如今的市场环境早已非同昨日，传统媒介资源的垄断地位已经不复存在，原来那种躺着收租的大好日子已经一去不复返。互联网技术公司纷纷跨界抢食，以技术为基础释放海量用户数据的商业价值与潜力，"精准"成为这些互联网公司突出自身服务优势与能力所借助的一个概念。既然广告主看重"精准"，而且竞争对手也在强化这一定位，广告服务机构也不会坐以待毙，顺势而为是明智之举。广告服务机构纷纷招聘计算机人才之举不仅仅是新建服务团队的努力，更可以被视为对广告主需求的迎合以及对竞争对手冲击的应急反应。而在当下，谈"精准"便离不开数据，数据来源的复杂性、数据团队的业务能力以及产品化水平等因素在很大程度上制约着广告服务机构在"精准"概念上的竞争表现。一句话，乙方对于"精准"的追求是迎合甲方需求的必然产物，也是面临竞争对手蚕食自身市场时的应急反应。

四、艰难的结论

从上文不难看出，"精准"是人类商业活动追求效率与成本平衡的必然结果，是甲乙双方进行话语与业务博弈时所共同借助的概念外壳，也是科技进步所赋予的一种商业工具新特性。

从人类商业活动的历史看，"精准"在其中的存在颇有些"草蛇灰线，伏脉千里"的意味，乍一看好像是最近几年才跳出来的新生概念，但如果深究，便会发现它的身影在很久之前的历史中就已经隐约可见。需要注意的是，"精准"在当下被用于作秀和商业站台的比例要大于实际使用，围绕用户所形成的各种线上与线下数据虽然能够较之以往更为接近用户行为的真相，但人心的复杂性远非表面的各种指标可以管窥和衡量。商业活动的核心是人，尤其是营销的对象是一个个鲜活的人，而对于人，如果做不到全面、清晰的了解，那么建立在此基础上的一切努力都不能被视为抵达了"精准"的彼岸。因此，可以预见，人类在商业领域尤其是营销中对于"精准"的追求类似于几何学中对于原点的解释——无限接近，但永远无法到达。

从"而立"到"不惑":中国广告教育发展的历史考察*

自1978年至今(2018),中国广告业已经走过了40年的历程。一个行业的发展离不开对人才的需求,自1983年厦门大学设立广告专业至今,中国广告教育已经走过了35年的历史。截至2015年,全国开设广告专业的普通高等院校数量已接近800所,相较于20世纪90年代增长了16倍。站在改革开放40年这样一个重要的时间节点上,需要对过往做一下总结,对未来做一些展望。中国古人讲"三十而立",对于走过35个春秋的中国广告教育而言,这篇而立之论虽然有些迟,却是必要的。

一、过往:三个基本面

审视中国广告教育的发展,需要从一定的角度切入,这个角度就是三个基本面:第一个基本面是中国广告教育的自身定位;第二个基本面是中国广告教育的理论支撑;第三个基本面是中国广告教育的内容体系。

1. 自身定位:术大于学?

一直以来,重术轻学或者说"术化"倾向是广告教育长期以来被诟病的一个问题。"术化"指高校在培养学生的过程中过分地重视专业概念和实践技

---

* 本文原刊登于《中国广告》2018年第10期,收入本书时略有删改。

能，片面地强调制作技巧，呈现出职业教育的趋势。有研究者认为，我国广告教育的"术化"主要表现为广告专业相关课程设置以实操类课程为主，还有就是广告专业培养目标过分强调适应业界需求等。我们姑且不论这些观点正确与否，而是要回到中国广告教育在35年前的原点去思考：为什么会在1983年出现广告专业？为什么首先在厦门大学出现？除去一些偶然因素外，当时中国迅速复苏并呈现蓬勃之势的商品经济发展环境是一个不可忽视的重要环境因素。厦门大学身处当时改革开放的前沿，再加上与海外交流的便利性，相较于内地高校，他们对于商品经济的敏感度更高。要知道当时中国内地的很多大学是包分配的，而广告专业作为一个新生事物是需要直接去面对市场与行业的，可以说是当时最早的市场化就业的专业。毕业的学生去哪里？就是投身到轰轰烈烈的商品经济发展大潮中，投身到飞速发展的中国广告业增长进程中。如果没有瞄准行业与市场需求的这种发展定位，中国广告教育的起步会更加艰难；反过来讲，正是有了这样一个定位，中国广告教育才能够乘上商品经济与广告业发展的快车。

当然，我们需要全面看待这一问题，重"术"，确实使得中国广告教育找到了与业界对接的契合点，但也在客观上造成了广告教育唯业界至上的"尾巴主义"现象，在一定程度上损害了广告教育与理论研究的独立性与自主性。重"学"，并不意味着中国广告教育要一窝蜂地去进行整体转向。在整个广告教育体系中必然存在分工，一些专业实力雄厚的高校可以在广告教育方面进行侧重于"学"的尝试，为中国广告理论研究培养和储备人才梯队，而其他的数量众多的高校没有必要去一窝蜂地挤这个独木桥，完全可以充分发挥与释放自身在实践方面的特长与优势，提高学生的就业水平与就业率。之前有关"术"与"学"的争论，其实在某种程度上混淆了中国广告教育的发展定位本质。从根本上看，与业界需求的对接是中国广告教育发展起步并取得巨大成就的重要动力，而未来对于"术"与"学"的定位侧重则取决于中国广告教育体系内各院校自身基于资源与优势所作出的选择。我们既不能否认35年前"重术"这一选择的合理性，不能用今人之标准要求前人，否则便是无知；也不能不顾当下教育体系中各院校的差异而强行用"重术轻学"的单一标准来硬性要求它们，否则便是片面。

2. 理论支撑：市场 VS 媒介

专业教育的基础来自专业理论，中国广告教育的发展离不开中国广告理论体系的滋养与支持。应该承认，中国广告理论体系的发展与建设中带有浓厚的西方色彩。有学者在之前的研究中曾经指出，西方广告学理论的知识谱系主要包括了市场营销、心理研究以及管理经营三大板块，中国的广告理论体系吸收与继承了上述三大板块的知识谱系，但又多了一个媒介传播，也就是说在中国广告理论体系中除了之前的市场取向，还存在一个明显的理论取向——媒介。市场与媒介两大取向的并存是中国广告理论体系的重要特征，这种特征在中国广告教育中的表现就是不仅存在大量的广告媒介研究成果，也在课程设置中有一定数量的媒介内容比例。

造成这样一个结果的主要原因，是中国特殊的媒介制度与格局，媒介在中国不仅是商业信息传播的渠道，更被赋予了特殊的含义——政治喉舌，这也决定了媒介在中国广告业中的特殊位置。之后长期成为焦点的"强媒介"局面在相当程度上有赖于此，垄断地位给予其在市场与行业中超强的吸金与变现能力。对于媒介的重视一直是中国广告理论体系的特色，这种重视不仅表现在媒介购买公司的曾经辉煌上，也表现在落地形式——主要是对传统媒体尤其是广电媒体的关注与跟随上。随着这种传统媒介格局的结构与垄断地位的丧失，新兴媒体资源的崛起与扩散不仅严重冲击了原有媒介的广告份额与空间，更是动摇了广告媒介理论存在的合理性。学界以"新媒体广告"作为应对，在一定程度上反映了广告教育界与理论界面对新变革时的无奈与迷茫。崛起的互联网不仅是一种媒介形态，更是被视为一种新的经济与社会发展模式，更为重要的是其带来的新玩法与新思维。在互联网公司的商业体系中，有的只是广告产品，没有了以往那种按照行业来进行划分的做法，以往那种"策划—创意—制作—投放"的传统作业流程也被摒弃了。依托对海量用户数据的掌握、挖掘与分析，互联网公司可以将用户洞察、媒介投放与营销行为融合在一起，在落地操作上能够形成"数据分析—媒介投放—用户行为反馈"的闭环，不论是在精准性上还是在效率上都大大超越以往模式的上限。面对这种新的实践发展态势，原有广告理论体系中按照作业流程所形成的分工已严重滞后，但这并不是说原有理论内容失效了，而是指理论内容之间粘连的方式与路径发生了重构。从本质上来看，目前中国广告教育的变革是作为一种大学知识装置面对社会环境的变化重新建构起自身新的知识框架的过程。

3. 内容体系：分工 VS 跨界

理论基础决定了内容体系，要审视中国广告教育的内容体系，就要回到中国广告学理论体系的基本架构中。以往的广告教育内容按照广告理论体系的板块相应地划分为市场营销、用户洞察、经营管理与媒介传播，这背后对应的分别是市场营销学、心理学、管理学与传播学等学科体系以及知识谱系，彼此之间有着明确的学科界限与壁垒，而这种界限与壁垒形成的基础是工业时代的社会分工。面对互联网时代强调融合与跨界的基调，这种分工不论是在合理性还是在商业效率与成本的平衡度方面都已经丧失了优势，表现在广告教育上就是原有的课程体系面对互联网的新实践基本上手足无措，能做的无非是"新三年，旧三年，缝缝补补又三年"式的简单嫁接，在保留原有课程体系与教育内容的基础上增加一些与互联网相关度高的新课程与新内容。这种做法不仅反映了广告教育的内容体系在面对新变化时的迟钝与僵硬，更在某种程度上反映了广告教育界面对新变化时试图追求风险可控与适应弹性的双目标，尽管这种尝试很有可能被业界实践之轮越甩越远。

二、命门：生存之锚与困惑之源

在讲完了中国广告教育的三个基本面之后，我们需要回到一个必须正视的本质问题，即中国广告教育的生存之锚是什么？这个锚成就了中国广告教育之前 35 年的发展，但同时也造成了中国广告教育目前的诸多问题。

1. 生存之锚

我们认为,审视中国广告教育的生存之锚需要从两个层面来解析。第一个层面是宏观层面,中国广告教育为什么能够在 20 世纪 80 年代起步并发展至今(2018)?这主要是因为它适应了中国自 1978 年以来所开启的商品经济发展大潮的需求。商品经济的复苏与发展,必然要求建立商品信息传播体系,按照马克思主义理论的观点,广告是商品流通的重要环节,这种重要性的作用主要体现为广告对商品信息的传播有助于提升商品从生产到消费的到达效率。站在 20 世纪 80 年代那个时间节点上,当时中国商品经济开始恢复和发展,企业将产品投向市场,这就对广告产生了巨大的需求,而当时正规的广告从业人员十分匮乏,这就呼唤规范的广告教育的诞生。厦门大学设立广告学专业就是对商品经济发展所产生的广告人才需求的回应,而后来中国广告教育的大发展,也同样离不开对中国市场经济建设这一宏大历史主题需求的适应,这是中国广告教育生存并发展至今的宏观之锚。

第二个层面是行业层面,厦门大学设立广告学专业是在 1983 年,北京广播学院(现中国传媒大学)设立广告学专业是在 1988 年,这是国内最早设立广告学专业的两所高校。而之后中国高校开始大量设立广告学专业的时间并没有紧随在这两所高校之后,而是在 1994 年之后。为何这之间会有六到十年的时间差呢?之前我们将其归结为是当时社会对广告的认知与态度,但这种观点却忽视了一个更为重要的因素——中国媒介体制改革。众所周知,中国广告业发展中长期的"强媒介"格局与特征不仅使媒介成了广告业食物链中的肉食者,而且还使媒介掌握了相当的行业话语权。这就使得大量广告公司成为其事实上的附庸,也造成了在实际操作中创意沦为附赠品的尴尬现实。自 20 世纪 90 年代开启的中国媒介体制改革,一个重要进展就是媒介开始试水市场化业务,这其中相当大的比例就是广告业务的开展。媒介对于广告业务的试水与开展所造成的影响并不仅仅限于其自身经济利益与商业利润的增加,更是深刻地影响了中国广告业的发展节奏与布局。在此之前的中国广告业更多的是零敲碎打、小打小闹,不论是服务对象的体量与层级还是市场表现（经营额）都摆不上桌面，而当媒介开启了市场化进程之后，尤其是开展广告业务以来，中国广告业经营额大幅攀升，围绕媒介所产生的一系列作业流程也使得众多中小广告公司有了栖身之所。中国媒介广告业务在整个广告业中到底占据了多大分量，看看历年中国媒介广告经营额占广告业总经营额比例以及十大广告公司排行榜中媒介型公司占据了多少就清楚了。这种媒介市场化进程大大提升了中国广告业的发展速度，行业的发展必然带动人才的需求，这也就有了后来中国广告教育在20世纪90年代后期的大爆发。在20世纪中国的大多数城市中，围绕着媒体（报刊、广电）生存着大量的广告公司，这些广告公司主要承担着媒介代理的功能，并由此延伸出策划、文案、设计等相关岗位，而这些岗位的工作需要大量经过专业培训的广告专业人员来完成。中国媒介市场化进程尤其是开展广告业务对人才的需求，正是中国广告教育发展的立身之本。

2. 困惑之源

身处当下，相信很多人都会对广告教育产生很多疑惑，一个很直接的表现就是，教师不会教新的东西，学生学到的用不上，广告业不再是毕业生的就业首选。这些现象都是中国广告教育身处困惑状态的必然结果，面对这种困惑我们要客观对待、冷静思考。从根本层面上讲，是中国广告教育的生存之锚发生了变化，由此驱动了中国广告教育在自身定位、理论支撑以及内容体系等方面的变化，面对这些变化，中国广告教育并未做好充分准备与清晰思考。

首先来看生存之锚，我们前边讲过中国广告教育的生存之锚分为两个层面：一个是宏观层面，一个是行业层面。宏观层面的锚就是对中国商品经济与市场经济大潮的回应，而行业层面的锚就是对媒介体制改革尤其是媒介广告业务所带来的发展快节奏与人才需求扩张的回应。从目前的情况看，宏观层面的锚并未发生根本性改变，不管互联网经济如何发展，只要中国目前的经济模式从本质上讲仍然以商品经济或者说以市场经济为主，那么广告的作用就不会发生根本性变化，广告仍然是人类社会目前较为成熟的商业模式。

有关这一点,我们从各大互联网巨头营收中广告所占的比例便可窥见一斑。但我们需要正视一点,即使广告在互联网时代仍然发挥着重要作用,但这一作用的主要功能载体可能已经发生了迭代。换言之,当下的广告业可能不是广告功能的首选载体了。这种功能载体的变化,导致了行业在当下的迷茫,这种迷茫和疑惑的情绪进而传导到了广告教育领域,而广告教育与理论研究并未能够有效地解决这一疑惑,反过来又加重了这种情绪的发酵与蔓延。从行业层面看,媒介格局的变化导致传统媒体优势不再,进而解构了以传统媒体代理为核心的广告作业模式与流程,造就了以互联网巨头为代表的广告新贵,并使它们在一定程度上凭借技术优势掌握了行业话语权。广告教育在行业层面的这个锚已经发生了根本性变化。面对全新的环境,新的锚尚未形成,这就在客观上造成了广告教育在面对业界时的迷惑,这种迷惑不仅表现在理论研究上,也表现在教师教学、课程设置与学生就业等诸多方面。根基不牢,地动山摇,生存之锚的不复存在是造成中国广告教育今天困境的根本性因素。

从三个基本面看,正是由于生存之锚的丧失,才造成了广告教育在自身定位上的模糊、理论支撑的动摇以及内容体系的不适应等问题。具体来说,由于媒介的优势地位丧失,导致原有以传统媒介代理为中心的广告作业模式与流程被摒弃,再加上用户媒介接触与使用习惯的整体性迁移,广告主的关注焦点逐步转向互联网,这些因素的互相叠加,最终促成了中国广告业的行业资源整体性地向互联网迁移,这其中当然也包含了利润与就业机会。首先要说的是广告教育在自身定位上的模糊。之前我们说到的"重术轻学"的定位取向,在本质上是对以传统媒介代理为核心的广告作业流程与模式的适应,当时的"术"更多地指向文案撰写、广告设计等实践技能。这种"重术"的倾向在当下并无大的改变,改变的反而是"术"本身的内涵,当下的"术"更多地指向了数据分析与挖掘、产品思维等更多具有互联网色彩与特征的领域。换句话说,之前的"术"是适应传统媒体的,而当下的"术"则是适应互联网媒体的。新"术"与旧"术"在内涵上的差别也造成了中国广告教育在自身定位上的迷茫——一直以来坚持的重"术"取向为何不行了?其次要看的是广告教育在理论支撑上的动摇。我们知道,中国广告理论体系除了吸纳西方偏重市场领域的理论内容外，还结合中国国情形成了突出媒介传播的中国特色，包含了市场营销、心理研究、管理经营与媒介传播四个大的板块，彼此之间是泾渭分明的。但在众多互联网公司的实践中，广告形态往往是以产品线来划分的，这也使得互联网公司的很多玩法很难用传统理论加以解释，"一个萝卜一个坑"这样的理论联系实践之法难以寻觅，跨界的大杂烩成为常态。原有的广告理论本质上脱胎于工业时代、适应于社会化大生产时期的分工体系，这种理论体系显然不适应受互联网实践推动而形成的分工逻辑与体系，但新的理论体系又尚未形成，这就造成了广告教育所依赖的理论基础的瓦解与崩塌。最后我们来看看广告教育在内容体系上的不适应。理论基础的动摇、对业界需求不能有效满足等因素最终呈现在教育内容体系上，就是教学设计上的左右摇摆，这既涉及课程设置上想鱼和熊掌兼得的痴心妄想，也涉及教师与学生对教学内容的迷惑，比如教师传授的内容并不能反映业界的前沿，学生在就业时对自身专业与行业的自信心在下降，等等。

一言概之，互联网的发展深刻改变了广告业的生态，重构了企业、媒体、消费者的关系。原有生态体系的崩塌解构了以往广告教育赖以生存的土壤和基础。面对新的广告生态体系，广告教育显然并没有找到合适的生存位置，这是造成其迷茫与困惑的最根本因素。

三、结语：走向不惑？

人们常说"三十而立、四十不惑"，意思是到了30岁就能够自立，到了40岁对人生很多问题就不会再疑惑了。中国广告教育已经是走过了35年的历程，再有5年就将迈入40岁的关口。我们展望未来，到了40年的时候，中国广告教育就能走出迷茫吗？中国广告教育的这些根本性问题就能迎刃而解吗？答案似乎并不乐观。

发挥自身在商品经济和市场经济中的作用与功能并促进流通效率的提升，以传统媒介代理制为核心的广告生态与作业模式，是中国广告业也是中国广告教育曾经的两大生存之锚。互联网的发展基础仍然是市场经济，互联网提升的是市场配置资源的效率，广告的作用与价值并未过时，只是发挥广告功能的载体在更新换代，传统媒体地位与优势的丧失使得原有的广告生态发生了深刻变化，广告作业模式与流程正在重构，广告业的整体性资源迁移已是进行时。生存之锚的变化使得中国广告教育必须要寻找新的立身基点，从目前来看，这个基点的寻找过程尚未完成，前景也扑朔迷离。

生存之锚的丧失从根本上影响了中国广告教育的理论基础、自身定位与内容体系等多方面。换言之，中国广告教育能否在40岁生日时真正做到不惑，在很大程度上取决于其能否找到新的生存之锚。尽管我们目前对这个新锚的具体形态与内涵无法做出准确的描述，但我们仍然可以对其特征做出如下预判：一是适应互联网的分工逻辑与体系；二是适应新的广告生态与作业模式；三是更好、更有效地发挥广告的功能与作用；四是适应新的岗位与业务划分思维。

参考文献：

［1］黄爱武.连接广告教育的昨天、今天与明天——"电通·中国广告教育合作项目"20周年活动采撷［J］.中国广告，2016（8）120.

［2］何平华，李骅.广告教育的"学"与"术"——从课程设置角度看我国高校广告教育的"术化"倾向［J］.新闻界，2013（22）65.

［3］黄升民.转型、聚合与创新：广告教育和广告研究的任务［J］.广告大观（理论版），2006（3）15.

［4］陈刚.关于广告教育数字化转型的思考［J］.新闻与写作，2017（10）31.

"广告"概念观[*]

众所周知,近些年广告发生了巨大变化,围绕变化所进行的各种讨论也不绝于耳,当我们将注意力投向这些很明显的变化时,可能恰恰忽略了一个较为基础层面的变化,这就是"广告"概念的变化。所有我们在前面讨论过的各种变化,最终都需要沉淀在概念这个层面。换言之,所有对广告变化的思考与探讨只有在"广告"概念的变化中反映出来才能形成稳固的记录。从广告理论体系的发展角度来看,对于概念变化的探讨能够为本就薄弱的基础理论研究提供有力支撑,其意义无论怎么强调都不为过。尽管我们已充分知晓对"广告"概念进行思考与探讨的重要性,但仍然需要去面对一个更为关键的方面,这就是如何建立一个对"广告"概念进行探讨的基本原则和方法论,这种原则与方法论具体来说就是我们如何看待"广告"概念的变化,如何将周遭的变化浓缩进一个概念的方寸之内。

一、谁是造物主?——概念的缔造者

在人们的惯性认知中,看到概念、定义之类的字眼时大概率会联想到这是学者或者学界的事情。不可否认,与行业有关的具体概念的最终生成与诞生,确实离不开学界的理论研究与探讨,但这并不是说学界可以在其中包打天下。纵观"广告"概念诞生的历史进程,学界从来不是孤军奋战,业界更

---

[*] 本文原刊登于《中国广告》2019年第3期,收入本书时略有删改。

没有置身事外。之前"广告"概念的诞生，具备学界与业界双重身份的人物起到了关键作用，历史上如此，当下更是如此。面对快速变化的行业与外部环境，"广告"概念的界定更加需要业界与学界的密切配合与协作才能完成。

业界拥有对前沿的敏锐感知与一手经验，学界具备规范化的描述与稳定的传承，两者的优势互补，一方面能够使学界对于"广告"概念的任何突破与进展有来自业界经验的支撑，另一方面也能够使业界的变化与动态能够及时在基础概念中得到反映。

对于概念诞生的推动，除了学界与业界之外还有来自管理方的力量，政府对于行业的看法与态度会在很大程度上影响行业发展的政策环境，进而影响行业的具体层面与发展走向，因此政府对于"广告"概念的态度也是探讨时需要注意的。

综上所述，一个能够准确、完整地反映行业与外部环境变化的概念，一定诞生于业界、学界与政府的共同努力之下，这便要求担任最终表述工作的学界不能闭门造车，一个经典的概念一定是开放的、包容的、有弹性的。

二、卿为何物？——概念的内容与结构

在解决了如何看待"广告"概念的创造者这一问题之后，接下来就需要面对第二个问题，这个问题与"广告"概念本身有关，包含两个方面：一是"广告"概念包含哪些内容要素，二是这些元素在概念的结构中如何进行组织。

我们先来看第一个问题——"广告"概念的内容要素。在传统的概念体系中，"广告"包含了广告主、媒介、广告目标与效果等要素。广告主付费、媒体传播、实现劝服效果等，确实是传统广告行为的范畴。但放眼当下，很多新玩法极大地动摇甚至颠覆了传统的广告模式。广告主通过对用户兴趣的数据化分析与挖掘进而实现与用户的情绪共鸣，并在通过社交媒体激发用户深度卷入的同时实现让用户成为传播渠道的目的。这些新的变化也意味着新的概念要素可能出现。对于这些新元素，我们一方面要及时给予关注与记录，

另一方面也要保持冷静，准确判断昙花一现与真正创新的区别，提炼出真正能反映广告业变化新趋势与新方向的新元素。

接下来看第二个问题——"广告"概念的结构。在传统的概念结构中，上述那些主要因素的组合其实有一个逻辑，这就是传统广告的作业流程。广告主作为广告活动与业务的驱动方，将广告业务委托给第三方广告机构或者自制，然后将广告作品通过媒体进行传播并使之到达目标消费者，这一过程的典型特征是线性、单向性。当下的广告作业流程已经被颠覆，而且正处于重塑之中。In House（御林军）成为越来越多广告主的选择，但同时阿里巴巴这样的互联网巨头也开始对自己的广告业务进行公开招标。以往的广告业务流程往往是由广告主发起的，用户其实是被动接受的，但如今一些经典的广告操作往往诞生于 UGC，广告主的借势成为常态，华为手机广告方言版的刷屏就是一个很好的例证，用户正越来越多地深度介入广告作业流程并取得更多的话语权。既然传统广告的作业流程已经发生了深刻变化，那么按照这种流程进行内容要素组织的"广告"概念结构是不是也应该进行调整呢？答案不言自明。新的"广告"概念在内容要素上的组织逻辑，就是新的广告作业流程与方式。

三、你要去哪？——概念的未来

任何一个概念都是历史性产物，都是对特定时间段内实践活动与理论研究的总结与提炼，"广告"概念也不例外。它的未来会发生何种变化？对这一问题的回答既是对未知的好奇与渴望，也是对过往历史的总结与思考。

首先，我们应当看到"广告"概念中的确定性。广告作为人类历史上一种古老的商业传播活动，其价值并没有在互联网社会中褪色，反而显得更加重要。从目前各大互联网巨头的营收结构来看，广告仍然占据着十分重要甚至主导的位置，广告仍然是有效的营销劝服工具和商业传播手段。这种来自行业的确定性提醒我们，新的"广告"概念不能忽略甚至否定广告的价值，而是要看到发挥这种价值的新场合与新形态。

其次,我们应当全面地看待"广告"概念中的不确定性。不可否认,当下的广告业面临诸多变化,让人眼花缭乱,各种新形态、新词汇满天飞。这种现象一方面说明我们的广告业正在经历发展,另一方面也说明广告业中存在着鱼龙混杂的现象。我们在建构新的"广告"概念时不能对这些所谓的新变化照单全收,而是要分辨清楚刚刚出现的新兴事物与真正代表创新的新兴事物之间的差别,及时抓住那些代表行业未来发展方向与可能的新变化,去伪存真,多留干货。

最后,我们需要客观地认识确定性与不确定性之间的关系。确定性与不确定性之间是可以相互转化的,一些在本阶段较为稳定的因素在下一个阶段有可能趋于瓦解甚至消失,而新出现的事物有可能在经历了环境磨合与时间考验之后成为新的确定性因素。造成确定性与不确定性的原因,更多来自行业外部环境这一外因与行业自身内部这一内因两者的互动。新的"广告"概念生命力有多长,在很大程度上取决于其对确定性与不确定性互动关系变化的反映速度、准确度以及容纳弹性。

后 记

以"跬步"为集名的书不少,多为作者谦虚。我落入俗套以此为《自选集》名,不是自谦,确实如此。在学术上,我的长进几近于原地踏步。用"跬步"来形容,已有拔高之嫌。"漫行",也是实际情况。许多学者,方向一定,便始终如一,打深井出大成果。我的方向好像没有那么专一,新闻、广告、调查、品牌,东一下,西一下,不那么聚焦,"漫"字恰如其分。

《自选集》所选文章均为正式出版物所刊发,最早的文章刊发于1988年,今天读来十分幼稚,但在那个没有电脑,没有手机,连打字机都算"奢侈品"的年代,这篇文章的形成过程,却是我学术生涯中最难以忘怀的。收入《自选集》的最新一篇文章则刊发于2023年。文章刊发的时间跨度35年,参差不齐,却恰恰能够反映出我学术探索的脉络。

所选文章涉猎面较广,主要有"广告教育""媒介调查与评价""广告观念与理论""区域品牌"等。除学术论文外,《自选集》还选入了十篇学术小品文。有些文章还有合作者,如王昕、宋红梅、黄河、杨旭东、刘挪辰、刘甜甜、李未柠、刁星彤等。他们不仅是我的同事或学生,更是我学术研究之路上的好伙伴。此外,丰纯高、张树庭、刘祥、刘珊、刘佳佳给予我的帮助,更是无法用语言来描述。没有他们的倾力相助,别说"一小步",恐怕连"原地踏步"都做不到。一提到他们,心里温暖得很。

最让我觉得暖心的是,八十八岁高龄的恩师曹璐教授不辞辛苦为我的《自选集》作序。曹师是我大学时的班主任,是我初登杏坛时的引路人。一路走来,曹师于我,不是一篇后记就能说清楚的,我会专文陈述我的恩师曹璐

教授，这里不再赘述。

年过六十，该马放南山、刀枪入库了。回想自己的教学工作、研究生活、行政管理、访学交流，遇到的都是好人，给予我的，不是帮助就是包容。感恩感谢我的朋友们。

最后，感谢我太太，是她，站在我身后，几十年如一日地支持我、帮助我、照顾我、包容我，我才可以心无旁骛、自由自在地在学术丛林里跬步漫行。所以，余生，还请继续多多关照。

《自选集》浅薄错漏之处不会少，恳请大家批评指正、多多包涵。

丁俊杰

2024 年 7 月 7 日